POLYGLOTT on tour

# Heilbronn-Franken

Die Autoren

**Monika Zeller**

Die gebürtige Berlinerin lebt und arbeitet seit vielen Jahren in Esslingen. Als freie Journalistin für Reise und Tourismuswirtschaft kennt sie zwar mehr als die halbe Welt, schreibt aber gern über deutsche Ziele – besonders wenn sie vor den Toren ihrer Wahlheimat liegen.

**Gerd Dörr**

Der Fachjournalist für Reise und Tourismus ist Autor einer Reihe von Reisebüchern und Bildbänden. Er war lange Zeit Ressortleiter für den Reiseteil einer Tageszeitung und gilt heute als Spezialist für Gesundheitstourismus. Gemeinsam mit Monika Zeller betreibt er ein Redaktionsbüro in Esslingen.

## Reiseplanung

## Land & Leute

## Unterwegs in Heilbronn-Franken

Bayern
Heilbronn
Baden-Württemberg

Echt gut!



## Karten

# Reiseplanung

Die Reiseregion im Überblick ][ Die schönsten Touren ][ Klima und Reisezeit ][ Anreise ][ Reisen im Land ][ Sport und Aktivitäten ][ Unterkunft

# Die Reiseregion im Überblick

Die Region Heilbronn-Franken erstreckt sich im Nordosten Baden-Württembergs vom Neckar über die Tauber bis zum Main, von den hügeligen Landschaften Heuchelberg, Zabergäu und Schwäbischer Wald bis zu den Ausläufern des Odenwalds. In die weite Hohenloher Ebene haben die Flüsse Kocher und Jagst reizvolle Täler gegraben, das Gebiet rund um Heilbronn wird als »Unterland« bezeichnet.

Diese Vielfalt macht die Region zu einer außergewöhnlich abwechslungsreichen Reiselandschaft, die eine höchst angenehme Gemeinsamkeit verbindet: der **Wein.** Rund um **Heilbronn** bedecken unzählige Weinberge die Hügel westlich und östlich des Neckars, Reben ranken am Heuchelberg und im Zabergäu wie auch an den Hängen der Flüsse Kocher und Jagst. »Kenner trinken Württemberger« ist seit Jahrzehnten der erfolgreiche Werbeslogan für die Weine der Region, durch die sich die Schwäbische Weinstraße zieht. Im badisch-fränkischen Abschnitt des Gebiets gedeihen an der Tauber köstliche Weine.

Damit wären wir bei den Flüssen, die diese Reiselandschaft prägen. Der als Bundeswasserstraße ausgebaute **Neckar** zieht sich in vielen Windungen von Stuttgart her durch Lauffen und Heilbronn bis zum Odenwald, wo er ein dramatisches Durchbruchstal geschaffen hat. Die Flüsse **Kocher** und **Jagst** schwingen sich, von der Ostalb kommend, nur wenige Kilometer voneinander entfernt fast parallel in großem Bogen durch die **Hohenloher Ebene** zum Neckar – gesäumt von malerischen Städtchen, Burgen und prächtigen Renaissanceschlössern. Ähnliches gilt auch für das idyllische Tal der **Tauber,** in dem viele sehenswerte alte Städte und bedeutende Kulturdenkmäler zu finden sind.

Teile von zwei größeren Naturparks bieten in der Region Erholungsmöglichkeiten in harmonischem Zusammenklang von Natur und Kultur: der Naturpark Kraichgau-Stromberg mit dem Zabergäu, dessen Wahrzeichen der 394 m hohe Michaelsberg bei Cleebronn ist, und dem Heuchelberg sowie der Naturpark Schwäbisch-Fränkischer Wald. Im Kraichgau westlich von Heilbronn reiht sich Hügel hinter Hügel: Wiesen in den Talauen, Wein an den Hängen und Wald auf den Kuppen. Der Schwäbische Wald, der sich östlich von Heilbronn bis weit über Schwäbisch Hall hinaus erstreckt, lockt zu ausgedehnten Wanderungen durch dichte Mischwälder, durchzogen von kleineren, in der Region »Klingen« genannten Schluchten und sanften Tälern mit klaren Bächen.

Hohenlohe und Taubertal eignen sich bestens für eine Erkundung mit dem Fahrrad. Mehrere Fernradwege mit vielen Verbindungsstrecken ermöglichen hier erlebnisreiche ein- oder mehrtägige Touren unterschiedlicher Schwierigkeitsgrade.

Liebhaber hochkarätiger Kulturereignisse kommen in der Region ebenfalls auf ihre Kosten. Ein überaus breit gefächertes Programm an Festspielen, Freilichtaufführungen und Schlosskonzerten lockt jeden Sommer Tausende von Besuchern in die Städte und Schlösser, Burghöfe und Parks.

# Die schönsten Touren

## In vier Tagen vom Neckar an den Main, durch das Land des Götz von Berlichingen

**(1) Gundelsheim mit Götzenburg Hornberg › Neudenau › Möckmühl › Jagsthausen › Schöntal › Krautheim › Dörzbach › Bad Mergentheim › Tauberbischofsheim › Wertheim**

### Distanzen:

**Burg Hornberg › Gundelsheim** 7 km; **Gundelsheim › Neudenau** 15 km; **Neudenau › Möckmühl** 11 km; **Möckmühl › Jagsthausen** 12 km, **Jagsthausen › Schöntal** 5 km; **Schöntal › Krautheim** 14 km; **Krautheim › Dörzbach** 4 km; **Dörzbach › Bad Mergentheim** 15 km; **Bad Mergentheim › Tauberbischofsheim** 16 km; **Tauberbischofsheim › Wertheim** 33 km

### Verkehrsmittel:

Für diese Tour braucht man ein Auto, öffentliche Verkehrsmittel sind nicht geeignet.

Lebendiges Treiben am historischen Marktplatz von Bad Mergentheim

Die Gesamtstrecke ist nur rund 120 km lang, doch sollten Sie sich vier Tage Zeit nehmen, um all die Sehenswürdigkeiten genießen und würdigen zu können. Burgen, Schlösser und Orte mit romantischen Altstädten liegen am Wege. Im Land des Götz von Berlichingen erinnert Vieles an den Ritter mit der eisernen Hand.

Besonders stilvoll kann man die Tour nach einer Übernachtung auf **Burg Hornberg** › S. 68 hoch über dem Neckar beginnen. Hier verbrachte Götz die letzten Jahrzehnte seines Lebens. Über die kleinen Städte **Gundelsheim** › S. 67 am Neckar, Neudenau und **Möckmühl** › S. 66 an der Jagst, wo er als Amtmann waltete, ist ***Jagsthausen** › S. 67, der Geburtsort des Ritters, das nächste Ziel. In der Götzenburg gehen jeden Sommer die ***Schlossfestspiele** über die Bühne. Im nahen ****Kloster Schöntal** › S. 108 fand der Ritter 1562 seine letzte Ruhestätte. Und in **Krautheim** › S. 107 soll er den berühmten »Schwäbischen Gruß« zur Burg hinaufgerufen haben.

Verlief die Tour bisher überwiegend im schlingenreichen Tal der Jagst, geht es ab **Dörzbach** › S. 107 auf die Hochfläche zwischen Jagst und Tauber. Bevor sich das Taubertal öffnet, sollten Sie sich in Stuppach (zu Bad Mergentheim gehörig) die weltbekannte ****Stuppacher Madonna** › S. 121 von Matthias Grünewald ansehen. In ***Bad Mergentheim** › S. 119 lohnen zwei Übernachtungen, um neben der Stadtbesichtigung auch den spannenden ***Wildpark** › S. 120 zu besuchen und sich dann im Spaß- und Wellnessbad Solymar › S. 122 zu entspannen.

Karte Umschlag hinten

Unterhalb von **Tauberbischofsheim** › S. 123 mit seinen sehenswerten Kirchen, Türmen und dem Kurmainzischen Schloss beginnt der landschaftlich eindruckvollste Teil des Taubertals, wo sich der Fluss im engen, bewaldeten Tal durch die Ausläufer des Odenwalds schlängelt. An der Strecke liegen die mittelalterliche **Gamburg** › S. 127 sowie ****Kloster Bronnbach** › S. 128, wo ein romanisch-gotischer Kreuzgang und barocke Säle zu bewundern sind. ****Wertheim** › S. 129 schließlich mit seiner Burg über der schönen Altstadt bildet einen würdigen Abschluss dieser eindrucksvollen Strecke.

## Vier Tage auf der Deutschen Burgenstraße vom Neckar zur Tauber

**–②– Heilbronn › Weinsberg › Öhringen › Neuenstein › Waldenburg › Schwäbisch Hall › Braunsbach › Langenburg › Schrozberg › Rothenburg ob der Tauber**

### Distanzen:

**Heilbronn › Weinsberg** 6 km; **Weinsberg › Öhringen** 12 km; **Öhringen › Neuenstein** 3 km; **Neuenstein › Waldenburg** 10 km; **Waldenburg › Schwäbisch Hall** 16 km; **Schwäbisch Hall › Braunsbach** 13 km; **Braunsbach › Langenburg** 12 km; **Langenburg › Schrozberg** 18 km; **Schrozberg › Rothenburg ob der Tauber** 12 km

### Verkehrsmittel:

Wie alle Touren in dieser Region ist auch die Fahrt über die Burgenstraße nur mit dem Pkw möglich. Der Betrieb des früher verkehrenden Burgenstraßenbusses wurde eingestellt.

Der in der Region Heilbronn-Franken verlaufende mittlere Teil der Deutschen Burgenstraße führt zu mittelalterlichen Burgen und prachtvollen Renaissanceschlössern. Die Kulturreise führt von der Unterland-Metropole ****Heilbronn** › S. 50 zunächst nach **Weinsberg** › S. 63 mit der weithin sichtbaren markanten Burgruine Weibertreu. Hier beginnt ein an Schlössern ungewöhnlich reicher Landstrich, in dem sich die Angehörigen der weitverzweigten Dynastie der Hohenloher mit Prunkbauten und Residenzschlössern gegenseitig übertrumpfen wollten. Nur wenige Kilometer voneinander entfernt liegen **Öhringen** › S. 111 und ****Neuenstein** › S. 113 mit ihren Schlössern.

Hoch an der Steilkante der Waldenburger Berge - Teil des Naturparks Schwäbisch-Fränkischer Wald - erhebt sich in markanter Aussichtslage über der Hohenloher Ebene die ummauerte Stadt und Burg **Waldenburg** › S. 102. Bald danach ist ***Schwäbisch Hall** › S. 89 erreicht. Die einst wohlhabende Salzsiederstadt bezaubert noch heute durch ein großartiges Stadtbild. Die eindrucksvolle Treppe der ***Michaelskirche** ist Schauplatz der renommierten Freilichtspiele. Interessant für große und kleine Menschen ist auch ein Besuch des ***Hohenloher Freilandmuseums** › S. 92 im Ortsteil Wackershofen. Kunstfreunde zieht es zur ****Kunsthalle Würth** › S. 90, von der aus man auch einen herrlichen Blick über die Stadt hat. Um Schwäbisch Hall und Umgebung entspannt zu genießen, empfehlen sich hier zwei Übernachtungen.

Ausgeruht geht es am dritten Tag weiter, zunächst ein Stück durch das Kochertal unter Deutschlands höchster Autobahnbrücke hindurch bis **Braunsbach** › S. 102, dann hinüber ins parallel verlaufende Jagsttal. Dort steht mit ***Langenburg** › S. 99 wieder ein Bilderbuchschloss auf dem Programm. Hoch über dem Fluss thront die mächtige Anlage auf einer schmalen Bergnase - und weil der Fürst für alte Autos schwärmt, kann hier ein umfangreiches Oldtimermuseum besichtigt werden.

Eher bescheiden nimmt sich das ehemalige Schloss in **Schrozberg** aus, in dem heute die Stadtverwaltung ihren Sitz hat. Den krönenden Schlusspunkt der Tour bildet ****Rothenburg ob der Tauber** › S. 137, einer der Höhepunkte an der Deutschen Burgenstraße. Hier sollten Sie noch einmal übernachten, um die malerische Stadt am letzten Tag in Ruhe genießen zu können.

## Zwei Tage auf idyllischen Sträßchen vom Zabergäu zu den Limpurger Bergen

**–③– Schwaigern › Brackenheim › Lauffen am Neckar › Beilstein › Murrhardt › Gaildorf › Obersontheim › Vellberg**

### Distanzen:

**Schwaigern › Brackenheim** 9 km; **Brackenheim › Lauffen am Neckar** 6 km; **Lauffen › Beilstein** 13 km, **Beilstein › Murrhardt** 24 km; **Murrhardt › Gaildorf** 16 km; **Gaildorf › Obersontheim** 13 km; **Obersontheim › Vellberg** 6 km

### Verkehrsmittel:

Die Tour wird mit dem Auto zurückgelegt.

Karte Umschlag hinten

Der Wartturm auf dem von Reben bedeckten Heuchelberg

Diese knapp 90 km lange Tour führt größtenteils auf Nebensträßchen abseits der großen Fernverbindungen vom Weingebiet Heuchelberg durch idyllische Feld-, Wald- und Wiesenlandschaften sowie durch Teile des Naturparks Schwäbisch-Fränkischer Wald. Weil man auf den kleinen Landstraßen gemütlich fahren und sich Zeit für die Städtchen und Orte am Wegesrand nehmen sollte, sind eineinhalb bis zwei Tage durchaus angemessen.

Reblandschaften prägen den ersten Teil der Strecke, die in der Weinstadt **Schwaigern** › S. 79 ihren Ausgang nimmt. Wer sich intensiv der Erkundung der Heuchelberger Weinlagen widmen möchte, sollte schon in **Brackenheim** › S. 74, das mit seinen Ortsteilen Dürrenzimmern, Haberschlacht, Neippberg als Deutschlands größte Rotweingemeinde gilt, eine Übernachtung einplanen. Der prominenteste Sohn der Stadt, der erste deutsche Bundespräsident Theodor Heuss, soll besonders gern dem gehaltvollen Lemberger zugesprochen haben.

Auch die Weine aus Hölderlins Geburtsstadt **Lauffen am Neckar** › S. 73 sind sehr begehrt, ebenso wie die Gewächse an den Hängen von **Beilstein**. Von der Burg Hohenbeilstein hat man nicht nur einen weiten Blick über das Neckarland zum Stromberg, sondern kann auch in der Burgfalknerei die Flugkünste der Greifvögel bewundern (www.falknerei-beilstein.de).

Blick von Vellberg zur Stöckenburg

Nun geht es durch die Löwensteiner Berge, einen ruhigen und wenig frequentierten Teil des Naturparks Schwäbisch-Fränkischer Wald. Wir folgen einem Teil der Idyllischen Straße durch das Fachwerkstädtchen **Murrhardt** mit seiner frühromanischen Walterichskapelle nach **Gaildorf** › S. 95, wo die Schenken von Limpurg ein fachwerkgeschmücktes Wasserschloss schufen. Die nach ihnen benannten Limpurger Berge gehören ebenfalls zum Naturpark. Dort erhebt sich auf einem schmalen Bergsporn hoch über dem Flüsschen Bühler das mittelalterliche ***Vellberg** › S. 95. Mit seinem wehrhaften Schloss und der völlig ummauerten, handlich-kleinen Altstadt ist es ein besonders romantisches Mini-Städtchen, das sich gern »Klein-Rothenburg« nennt. Hier kann man unter 400 Jahre alten, bemalten Balken im Hotel Ganerbenhaus schlummern (› S. 96).

## Touren in der Region

| Touren | Region | Dauer | Seite |
|---|---|---|---|
| Kleine Neckarland-Rundfahrt | Heilbronner Land | 1 Tag | 43 |
| Durch das Zabergäu zum Heuchelberg | Heilbronner Land | 2–3 Tage | 44 |
| Weinwanderung über den Heuchelberg | Heilbronner Land | 1 Tag | 45 |
| Radwanderung vom Breitenauer See über den Burgenweg zum Kocher | Heilbronner Land | 1 Tag | 48 |
| Vom Kocher durch die Hohenloher Ebene zur Jagst | Hohenlohe | 2 Tage | 85 |
| Hohenloher Schlösser- und Burgentour | Hohenlohe | 2 Tage | 88 |
| Höhepunkte entlang der Tauber | Liebliches Taubertal | 2 Tage | 115 |
| Gemütlich oder sportiv mit dem Rad durch Bauland und Taubertal | Liebliches Taubertal | 1–2 Tage | 118 |

# Klima und Reisezeit

Selbst auf der relativ kleinen Fläche dieser Region machen sich durchaus beachtliche Klimaunterschiede bemerkbar. So zeigt das Thermometer im schwäbischen Unterland rund um Heilbronn durchschnittlich zwei Grad mehr als zum Beispiel im Schwäbischen Wald. Daher eignet sich das Heilbronner Umland besonders gut für den Weinbau. Auch die Hohenloher Ebene zählt zu den wärmeren Teilen des Gebiets, wobei unterschiedliche Höhenlagen kleinräumige Unterschiede bewirken. An den Hängen einiger Teilstücke von Kocher, Jagst und Tauber erlaubt die sommerliche Wärme ebenfalls den Weinbau. In den umgebenden Höhenzügen der Waldenburger, Limpurger und Ellwanger Berge ist es dagegen meist ein bis zwei Grad kühler.

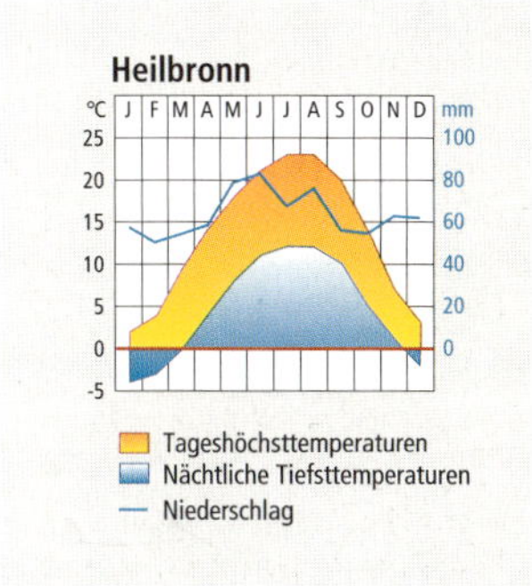


Was die Niederschlagshäufigkeit betrifft, so liegt die nördliche Region des Gebiets - also das Tauberland - im Regenschatten von Odenwald und Spessart und zählt mit 700 mm Jahresniederschlägen zu den eher trockenen Räumen. Deutlich niederschlagsreicher sind die Höhen des Schwäbisch-Fränkischen Waldes, wo in den höchsten Lagen Niederschläge bis zu 1000 mm zu verzeichnen sind. Insgesamt erwiesen sich nach den langjährigen Aufzeichnungen Juli, September und Oktober als besonders trockene Monate, während es im Mai, Juni und August etwas häufiger regnet.

Die beste Reisezeit sind die Monate Mai bis Oktober – also von der Frühjahrsblüte bis zur Weinlese. Für Wintersport eignet sich diese Region weder klimatisch noch topografisch.

# Anreise

## Mit dem Auto

Heilbronn liegt am Schnittpunkt der West-Ost-Autobahn A 6 und der Nord-Süd-Autobahn A 81. Während die A 6 die gesamte Region durchquert, verläuft die A 81 (die ein Teilstück der E 41 ist) Richtung Würzburg durch das schwäbische Unterland um Heilbronn und durchschneidet das Taubertal bei Tauberbischofsheim.

## Mit der Bahn

Das ICE-Netz spart die gesamte Region aus. IC-Züge verkehren zwischen Crailsheim und Ansbach. Von Stuttgart und Würzburg aus sind Heilbronn und Lauda-Königshofen mit der Frankenbahn zu erreichen; auch Neckarsulm, Bad Friedrichshall, Möckmühl und Osterburken liegen auf dieser Strecke.

Drei Bahnstrecken verbinden die Region: die Frankenbahn (siehe oben), die Hohenlohebahn Heilbronn – Öhringen – Schwäbisch Hall – Crailsheim und die Taubertalbahn Crailsheim – Bad Mergentheim – Lauda-Königshofen – Wertheim.

Am Kocherradweg: die Comburg in Schwäbisch Hall-Steinbach

# Reisen in der Region

20 Verkehrsunternehmen haben sich zum Verkehrsverbund Heilbronn-Hohenlohe-Schwäbisch Hall (HNV) zusammengeschlossen. Zwischen Heilbronn und Schwäbisch Hall, zwischen Sinsheim und Osterburken, zwischen Bad Mergentheim und Künzelsau gibt es darin nur noch einen Tarif und ein Ticket für Bahnen und Busse. Fahrradmitnahme ist in allen Bahnen im HNV möglich, sofern genügend Platz vorhanden ist (www.stadtbahn-heilbronn.de).

Da es sich beim HNV jedoch nicht um einen S-Bahn-Verkehr mit dichtem Fahrplan handelt, und weil nur die drei oben genannten Bahnlinien durch die Region führen, ist für individuelle Reisen als Transportmittel in erster Linie das Auto zu empfehlen – oder für die entsprechenden Touren natürlich das Fahrrad.

# Sport und Aktivitäten

## Radwandern

Mehrere Flüsse durchziehen diese Region: Neckar, Kocher, Jagst, Tauber und ihre Nebenbäche. Dort ist ein ausgedehntes Radewegnetz entstanden, das im Special Radtouren › S. 80 vorgestellt wird.

## Wandern

Nach der Einrichtung des Kocher-Jagst-Radwegs entstand 2010 der Fern- und Rundwanderweg Kocher-Jagst-Trail, der in zehn Tagesetappen oder in drei kürzeren Abschnitten begangen werden kann. Abwechslungsreich führt er über Täler und Höhen, durch Wälder und Felder, schmucke Dörfer und Städtchen (www.wanderpark.de).

In den Löwensteiner Bergen, dem Mainhardter Wald und den Limpurger Bergen im Naturpark Schwäbisch-Fränkischer Wald erstreckt sich ein ausgedehntes Wanderwegenetz überwiegend in waldreichen Hügellandschaften. Kurze, oft steile Schluchten, die hier »Klingen« heißen, munter plätschernde Bäche, dazu der eine oder andere Aussichtsturm oder Berg mit Fernsicht prägen diese Landschaft.

Auch Zabergäu und Stromberg – die Höhenzüge beiderseits des Flüsschens Zaber – locken mit schattigen Wanderwegen auf den Höhen und sonnigen Touren in den Weinbergen und Talauen zu abwechslungsreichen Wanderungen. Und der Panoramawanderweg Taubertal bietet vielerlei Impressionen in Kultur- und Naturlandschaften.

## Nordic Walking

Das Ausschreiten mit langen Stöcken hat sich schon fast zu einer Volksbewegung entwickelt. Viele Orte haben spezielle Nordic-Walking-Touren verschiedener Schwierigkeitsgrade ausgeschildert. Bad Wimpfen beispielsweise bietet ab dem Gesundheitszentrum drei ausgeschilderte Rundstrecken von 7,4 bis 9,5 km Länge. In Bad Mergentheim wird an jedem Dienstag und Donnerstag ein Nordic-Walking-Kurs für Gäste und Einheimische veranstaltet. In Weikersheim stehen der 4 km lange Seeweg, der 5 km lange Panoramaweg und der 10 km lange Tannenweg mit Höhenunterschieden zur Wahl, und Creglingen empfiehlt eine zweistündige Nordic-Walking-Tour auf dem Lehrpfad im Waldgebiet Bockstal. Stöcke können bei vielen Kurverwaltungen und Touristinformationen ausgeliehen werden.

Echt gut!

### Die interessantesten Ballonfahrten

- Von gleich drei Plätzen bietet die **Ballonsportgruppe Hohenlohe e.V.** Fahrten über die Hohenloher Ebene mit den tief eingeschnitten Tälern an: am Flugplatz in Schwäbisch Hall-Weckrieden, in Vellberg-Talheim und in Künzelsau-Gaisbach.
**Tel. 07 91/7 10 53**
**www.ballon-hohenlohe.de**
- Neckarland, Naturpark Schwäbisch-Fränkischer Wald und Hohenlohe sind die Landschaften, über denen das **Luftfahrtunternehmen Olaf Kluge** Ballonfahrten veranstaltet.
**Bergstr. 7 ][ 74420 Oberrot-Hausen**
**Tel. 0 79 77/91 10 60**
**www.ballonkluge.de**
- **Dagmar Huber** arrangiert einstündige Fahrten mit dem Fesselballon ab Wüstenrot über dem Schwäbischen Wald: **Hirschbergstr. 22**
**71543 Wüstenrot ][ Tel. 0 79 45/14 60**
- **Happy Ballooning**
**Spitalgasse 19 ][ 91541 Rothenburg**
**Tel. 0 98 61/6 78 88**
**www.happy-ballooning.de**
Unterhalb der Altstadt von Rothenburg liegt, direkt an der Tauber, der Startplatz für Ballonfahrten über die umliegenden Landschaften.

## Kanusport und Paddeln

Bei Kanutouren auf dem Neckar muss man sich den als Schifffahrtsstraße ausgebauten Fluss mit Ausflugsschiffen, Frachtkähnen und Motorbooten teilen. Natur pur genießt man dagegen auf Kocher, Jagst und Tauber. An diesen Flüssen können in Verleihstationen Kanus und Paddelboote gemietet werden. Es handelt sich jedoch um sehr sensible Gewässer, für die aus Naturschutzgründen gewisse Beschränkungen gelten. Während der Vogelbrut sind einige Abschnitte gesperrt.

- **www.hohenlohe.de**
(Menüpunkt Natur und Freizeit)
- **www.liebliches-taubertal.de**
(Menüpunkt Aktiv)
- **100 % Kanu+Bike**
**Tel. 0 71 39/93 49 00**
**www.kanu-bike.de**
Geführte ein- und mehrtägige Touren auf Neckar, Kocher und Jagst.

Badespaß an den Münsterseen bei Creglingen

## Freizeitbäder und Badeseen

Frei- und Hallenbäder laden in zahlreichen Gemeinden zum Schwimmen ein. Immer beliebter werden daneben Spaß- und Freizeitbäder mit vielerlei Attraktionen, etwa das **AQUAtoll** in Neckarsulm (› S. 64) oder das **Solymar** in Bad Mergentheim (› S. 122).

Besonders in heißen Sommermonaten locken darüber hinaus Badeseen zum Wasserspaß in der Natur – im Bereich des Taubertals beispielsweise der **Hollenbacher See** bei Bad Mergentheim und die **Münsterseen** bei Creglingen (› S. 136) mit einem Wasserspielplatz. Auf dem **Breitenauer See** bei Löwenstein (› S. 64) darf man sogar segeln und windsurfen, in Waldenburg lädt der **Neumühlsee** zum Schwimmen in der Natur ein. Auch die kleinen Flüsse eignen sich vielerorts zum unbeschwerten Planschen und Schwimmen, beispielsweise die **Kocherbadebucht** bei Künzelsau, ein 10 000 Quadratmeter großes Flussbad mit Liegewiesen und Zeltplatz.

## Golf

Golfer können in der Region ein gutes Dutzend Golfplätze bespielen. Sie liegen zum Beispiel bei Bad Mergentheim an der Tauber, beim Schlosshotel Friedrichsruhe nahe Öhringen, bei Schwäbisch Hall, Oberrot und Bühlerzell in Hohenlohe sowie bei Bad Rappenau, Schwaigern, Neckarwestheim und Cleebronn im Heilbronner Land. Einzelheiten im Internet unter: **www.golfland-baden-wuerttemberg.de**

## Segelfliegen

Wer die Landschaft einmal aus der Vogelperspektive betrachten möchte, hat dazu auf einigen Segelflugplätzen zwischen Heilbronn und Tauberbischofsheim Gelegenheit.

Die **Fliegergruppe Heilbronn** bietet die Möglichkeit zum Mitfliegen – das Fluggelände liegt im Süden von Heilbronn westlich des Neckars zwischen den Ortsteilen Böckingen und Klingenberg, wo während der Saison an Sonn- und Feiertagen bei schönem Wetter Flugbetrieb herrscht. Passagierflüge (15 Minuten ca. 18 Euro) sind dann meist auch spontan möglich. Bei den anderen Segelfluggruppen muss das vorher geklärt werden.

Der **Adolf Würth Airport** in Schwäbisch Hall ist ein Verkehrslandeplatz mit Betonpiste. Dort ist der mitgliederstarke Luftsportverband tätig, von dem alle eigenständigen Luftsportarten betrieben werden, angefangen beim Modellflugsport über das Hängegleiten, Ballonfahren, den Segel- und Motorsegelflug bis hin zum Fallschirmspringen (Tel. 07 91/9 55 01 00, www.lsv-sha.de). Infos über alle Luftsportgruppen der Region: **www.heilbronn-franken.com**

## Ballonfahren

Lautlos in luftiger Höhe über das Land fahren – Ballonfahrten gehören nicht nur im wörtlichen Sinn zu den Höhepunkten in einem Gebiet. Die ein- bis mehrstündigen Fahrten finden nur bei schönem Wetter statt, bevorzugt in den Morgen- und Abendstunden. Nach der Landung werden die Fahrgäste zum Ausgangspunkt zurückgebracht. Mehrere Sportgruppen und Unternehmen bieten Ballonfahrten über dem Naturpark Schwäbisch-Fränkischer Wald, über Hohenlohe und der Tauberregion an (› S. 18). Infos im Internet: **www.heilbronn-franken.com** (Menüpunkt Tourismus > Sport > Flugsport).

## Reiten und Kutschfahrten

Ob kürzere Ausritte oder längere Touren – wer die Landschaft einmal vom Pferderücken aus erleben möchte, findet einige Reiterhöfe in den verschiedenen Landschaften von Heilbronn-Franken.

■ **Lucky Horse Farm, Familie Munz**

**Steinbrück ][ 74535 Mainhardt ][ Tel. 07 93/93 22 82**
**www.wanderreiten-mit-gluecklichen-Pferden.de**

Reiten, Wanderreiten und Kutschfahrten mitten im Naturpark Schwäbisch-Fränkischer Wald.

■ **Küffner Hof, Reit- und Freizeitanlage**

**Neudeck 20 ][ 74243 Langenbrettach ][ Tel. 0 79 46/91 60-0**
**www.kueffner-hof.de**

Auf dem Küffner Hof wird Westernreiten groß geschrieben. Außer Reiterferien (auch für Kinder) und Planwagenfahrten wird Erlebnisgastronomie angeboten.

Hoch zu Ross lässt sich die Landschaft besonders genießen

■ **Reiter- und Stutenmilchhof Trunk**
**Reckerstal Nr. 14 ][ 97999 Ingersheim ][ Tel. 0 79 31/82 90**
**www.ferienhof-trunk.de**
Auch im Taubertal können Pferdefreunde Urlaub auf dem Reiterhof buchen.
■ **Allgemeine Informationen dazu im Internet:**
**www.heilbronn-franken.com ][ www.liebliches-taubertal.de**

## Hochseilgärten und Kletterparks

An Hochseilgärten und Waldkletterparks hat jeder die Gelegenheit, sich auf Seil und Wackelbrücke wie Tarzan oder Indiana Jones zu fühlen – gut abgesichert, versteht sich.

Im **Waldkletterpark Hohenlohe** beim Schloss Langenburg kann man in atemberaubender Fahrt bis zu 60 m weit an Seilrutschen durch die Bäume sausen. Hoch über der Jagst sind verschiedene Kletterparcours in den Bäumen installiert, die Ansprüchen von Kletteranfängern ebenso wie Könnern gerecht werden (Fr–So 10–19 Uhr, während der Schulferien in Baden-Württemberg auch Mo sowie auf Anfrage auch Di–Do). Voranmeldungen auch bei Einzelpersonen zwei Tage vorher (Tel. 0 79 05/9 41 90-33, www.waldkletterpark-hohenlohe.de).

Der **Forest Jump Hochseilgarten** bei Walldürn bietet von April bis Nov. an jedem ersten Sonntagnachmittag im Monat eine Veranstaltung für Familien und Einzelpersonen, sonst nur für Gruppen (Hornbacher Landstr. 42, 74731 Walldürn-Rippberg, Tel. 0 62 82/92 07-43, www.forestjump.de).

Inline- und Cross Skater in voller Fahrt

Bei **Waldenburg** hat der gemeinnützige Verein Berufskolleg Waldenburg e.V. einen Hochseilgarten geschaffen, in dem Einzelpersonen ein- oder mehrmals im Jahr nach Voranmeldung zusammen mit anderen an einem eintägigen Gruppenlehrgang teilnehmen können (Tel. 0 79 42/91 21-0, www.bk-waldenburg.de).

### Cross Skating

Innerhalb weniger Jahre hat sich neben Nordic Walking auch eine ähnliche Sportart mit geländegängigen Inlineskates entwickelt, das sogenannte Cross Skating, bei dem ähnlich wie beim Skilanglauf zwei Stöcke eingesetzt werden. Im Gegensatz zum Inlineskating kann dieser Sport nicht nur auf asphaltierten Wegen, sondern auch auf Wald- oder Schotterwegen ausgeübt werden.

Im Heilbronner Land wurde ein großflächiger Cross-Skating-Park mit mehreren Stützpunkten und vom Deutschen Skiverband zertifizierten Routen unterschiedlicher Länge und Schwierigkeitsgrade eingerichtet. Die zusammen rund 200 km langen Strecken befinden sich bei Bad Rappenau, Bad Wimpfen, Eppingen, Lauffen, Neckarwestheim, am Breitenauer See, bei Weinsberg, Wüstenrot und Untergruppenbach (www.heilbronnerland.de).

## Unterkunft

### Hotels und Gasthöfe

So vielfältig wie diese Region, so vielgestaltig sind auch die Unterkünfte. In den Städten, vor allem in der Großstadt Heilbronn, im touristischen Hot Spot Rothenburg ob der Tauber und in den Mittelstädten sowie in den Heilbädern Bad Mergentheim, Bad Rappenau und Bad Wimpfen steht eine breite Palette an Hotels aller Kategorien, Gasthöfen und Pensionen zur Auswahl. In den Bädern kommen zusätzlich noch Kurhotels dazu, die aber größtenteils ebenfalls Gäste für eine oder zwei Nächte beherbergen.

In den Kleinstädten findet man in der Regel eher Häuser der mittleren bis einfacheren Kategorie. Doch lässt sich auch hier die eine oder andere besondere Unterkunft entdecken, ob Schloss-, Themen- oder Designerhotel.

## Jugendherbergen

Wer mit schlichteren Übernachtungsmöglichkeiten zufrieden ist: in Jugendherbergen sind auch Erwachsene mit und ohne Kinder willkommen, z.B. in Heilbronn, Schwäbisch Hall, Wertheim, Creglingen, Murrhardt oder Kirchberg/Jagst. Die vollständige Liste der Jugendherbergen unter: **www.heilbronn-franken.com** (Menüpunkt Tourismus/Gastlichkeit/Jugendherbergen)

## Camping

Für Camper und Wohnmobilreisende stehen in der Region einige Plätze zur Auswahl, die teilweise mitten in der Natur liegen, etwa bei Creglingen, am Hollerbacher See zwischen Schrozberg und Krautheim oder am Campingplatz Seewiese bei Pfedelbach im Land des Götz von Berlichingen. Auch in Wertheim, Rothenburg ob der Tauber, am Breitenauer See und in Oedheim zwischen Friedrichshall und Neuenstadt bieten Campingplätze nicht nur Stellmöglichkeiten, sondern auch vielfältige Sport- und Freizeitprogramme. Einen guten Überblick gibt der ADAC-Campingführer, der die Plätze regelmäßig prüft. Übersicht mit Links: **www.camping-lcbw.de**

Echt gut!

## Die originellsten Hotels

■ **Ludwig Eins Hotel Restaurant**
**Heilbronner Str. 16**
**74232 Abstatt ][ Tel. 0 70 62/97 80**
**www.ludwig-eins.de**
Das Design-Hotel liegt nahe Heilbronn zwischen Reben und Wein am Fuß der Löwensteiner Berge. Klare Formen, Beton und Holz, Stil und Gemütlichkeit gehen hier eine gelungene Verbindung ein. ●●●

■ Nicht nur für Radler ist die kleine **Radlerherberge** in der Altstadt von Möckmühl eine originelle Unterkunft. Günstige Preise durch elektronisches Selbst-Eincheck-System › S. 66.

■ Im **Alten Rentamt** in Schwaigern sorgen Antiquitäten und moderner Komfort für eine charmante Atmosphäre. Individuell eingerichtete Zimmer wie »Mädelekammer« oder »Türkenzimmer« › S. 79.

■ Das kleine, charmante Hotel garni **Ganerbenhaus** verbirgt sich in einem prächtigen Haus an der Stadtmauer in Vellberg › S. 96.

■ **Landgasthof Jagstmühle**
**Jagstmühlenweg 10**
**74673 Heimhausen**
**Tel. 0 79 38/9 03 00**
**www.jagstmuehle.de**
Hier schlummert man in elegantem Landhausstil direkt an der Jagst. Zimmer und Ferienwohnungen mit Vier-Sterne-Komfort; Restaurant und stimmungsvoller Biergarten. ●●

■ Im **Laurentius** in Weikersheim wird der edle Wein nicht nur im Gourmetrestaurant kredenzt – auch die weinthematischen Gästezimmer widmen sich Kabinett, Cuvée oder Grand Cru › S. 135.

Special

# Unterwegs mit Kindern

Besonders für etwas größere, aber auch für kleine Kinder bietet die abwechslungsreiche Reiseregion zwischen Neckar, Tauber, Kocher und Jagst eine Fülle an Spielen, Spaß und Spannung.

## Von Affen, Bären und Wölfen

Unterschiedliche Tierparks der Region bescheren kleinen Abenteurern hautnah spannende Erlebnisse:

Im **Tierpark Leintalzoo** bei Schwaigern ist die Affenbande los: Hier lebt die größte Schimpansengruppe Deutschlands mit über 30 Jung- und Alttieren. Zum Anfassen gibt es den Streichelzoo mit Haustierrassen › S. 79.

Tolle kindgerechte Führungen mit Fütterungen bei Wolf, Bär, Luchs und Co. bieten die Ranger(innen) des **Wildparks Bad Mergentheim** an. Geier und Adler schweben ganz nah über einem durch die Lüfte › S. 120.

Auch im **Wildparadies Tripsdrill** gibt es Fütterungen der Wildtiere und Flugvoführungen. Außerdem locken ein Abenteuerspielplatz und ein Walderlebnispfad › S. 76.

## Heiße Sensationen für coole Kids

Spaß für die ganze Familie ist in **Tripsdrill** › S. 75 angesagt. Der große Erlebnispark bei Cleebronn bietet über 100 tolle Attraktionen, vom Waschzuber-Rafting bis zur Holzachterbahn, vom Seifenkistenrennen bis zum Ritt mit der g'sengten Sau. Ein Besuch in Tripsdrill wird leicht zum tagesfüllenden Programm – besonders wenn man es mit dem Wildparadies kombiniert (› oben).

## Da ist Forschergeist gefragt

»Entdecken – erleben – erkennen« heißt das Motto: Man muss kein kleiner Einstein sein, um sich in der Lern- und Erlebniswelt der **experimenta Heilbronn** für die interaktiven Themenwelten zu begeistern, die Naturwissenschaften und Technik begreif- und erlebbar machen sollen. In verschiedenen Werkstätten und Laboren können selbst schon die Kleinen mit Wasser, Licht oder Luft experimentieren › S. 52.

## Burgfräulein, Zofe und Gärtner

In vielen Schlössern und Burgen der Region ist man bestens auf die kleinen Gäste vorbereitet und nimmt die Kinder mit auf eine Zeitreise in die Welt des ritterlichen Mittelalters oder des prunksüchtigen Barock.

**Schloss Weikersheim** › S. 134 hat eine Vielzahl spannender Kinderführungen im Angebot. Bei »Herrscher und Gefolge« entscheidet das Los, ob man in die Rollen und Kostüme des Adels oder der Bediensteten schlüpft – vielleicht entführt aber auch die »Hofgärtnerin« die kostümierten Kinder in ihr Reich. Auch stehen Märchentage, alte Kinderspiele oder Basteltage im Programm (Termine im Jahresprospekt; Info-Tel. 0 79 34/99 29 50, www.schloesser-und-gaerten.de).

Auf **Schloss Langenburg** › S. 99 können die kleinen Burgfräulein und Ritter »auf den Spuren von Leo & Poldine«, dem Leopardenpärchen im Wappen des Hauses Hohenlohe, das Schloss von den Prunksälen bis hinunter in die Gewölbe erkunden (Infos zu Gruppenführungen: Tel. 0 79 05/9 41 90 34, www.schlosslangenburg.de).

**Burg Hornberg** › S. 68 nimmt Kinder ab sechs Jahren mit auf die Rundtour zu Türmen und Schildmauern, in Verliese und in den Palas der Herren von Berlichingen, wo der Ritter mit der eisernen Faust lebte (Info-Tel. 0 62 61/50 01, www.burg-hornberg.de).

»Von Kindern für Kinder« – diese speziellen Kinderführungen gibt es in **Bad Wimpfen** › S. 71 jeden ersten Sonntag im Monat – von Ostern bis Oktober. Um 14 Uhr starten am Rathaus ausgebildete 10- bis 14jährige Kinderführer, die den kleinen Gästen ihre mittelalterliche Stadt besonders gut und mit vielen spannenden Geschichten erklären (Info-Tel. 0 70 63/95 03 13, www.badwimpfen.de).

# Land & Leute

Steckbrief ][ Geschichte im Überblick ][ Die Menschen ][ Kunst und Kultur ][ Feste und Veranstaltungen ][ Essen und Trinken

Steckbrief

# Heilbronn-Franken

**Fläche:** 4765 km$^2$
**Ausdehnung:** In Nord-Süd- und in Ost-West-Richtung je rund 100 km.
**Einwohner:** 886 000 (Baden-Württemberg: 10,75 Mio.)
**Größte Städte:**
Heilbronn (122 400 Einw.),
Schwäbisch Hall (36 800 Einw.),
Crailsheim (33 100 Einw.),
Neckarsulm (26 100 Einw.),
Wertheim (24 800 Einw.),
Bad Mergentheim (22 500 Einw.),
Öhringen (22 500 Einw.).
**Größte Flüsse:** Neckar (ein Abschnitt von ca. 35 km), Jagst (189 km), Kocher (168 km), Tauber (130 km), jeweils innerhalb der Region.

## Lage und Landschaft

Die Region Heilbronn-Franken umfasst den Nordosten von Baden-Württemberg. Begrenzt wird sie im Nordwesten vom Naturpark Neckartal-Odenwald, im Osten vom Naturpark Frankenhöhe, im Süden vom Schwäbischen Wald und im Südwesten vom Höhenzug Stromberg. Zur Region gehören Teile des Naturparks Stromberg-Heuchelberg und Teile des Naturparks Schwäbisch-Fränkischer Wald.

Im Westen prägen ausgedehnte Weinbauflächen das schwäbische Unterland rund um Heilbronn. Weiter östlich breitet sich die v.a. landwirtschaftlich genutzte Hohenloher Ebene aus, die von den umgebenden Höhenzügen wie ein weitläufiges Plateau wirkt. Tief in die Ebene eingegraben haben sich die Flüsse Jagst und Kocher, die fast parallel von der Schwäbischen Alb her schlingenreich mit schluchtartigen Abschnitten dem Neckar zuströmen. Die östliche Begrenzung der Region bildet die Tauber mit ihren romantischen Städten und Landschaften. Von dort breitet sich bis zu den Hängen des Odenwalds im Westen das ebenfalls landwirtschaftlich genutzte flache Bauland (»Bauernland«) aus. Im Norden ist der Main die natürliche Grenze.

## Politik und Verwaltung

Die Region Heilbronn-Franken, die aus dem Stadtkreis Heilbronn und den vier Landkreisen Heilbronn, Hohenlohe, Schwäbisch Hall und Main-Tauber besteht, ist die größte der zwölf Raumordnungs- und Planungsregionen in Baden-Württemberg. Schwerpunkt der regionalen politischen Arbeit sind die wirtschaftliche und touristische Entwicklung, Arbeitsplätze, Verkehrserschließung und allgemeine Infrastruktur. Stärke und Chance der Region ist ihre landschaftliche, kulturhistorische und wirtschaftliche Vielfalt.

## Wirtschaft

Die ökonomische Struktur der Region reicht von der Landwirtschaft über Kraftwerke am Neckar, holzverarbeitende Industrie, Fahrzeug- und Maschinenbau sowie Logistikbetriebe bis hin zu Finanzdienstleistern und Informationstechnologie.

Dank einem überdurchschnittlichen Bevölkerungszuwachs – von 1980 bis 2010 um nahezu 25 % – und der Zunahme von Arbeitsplätzen gilt die Region bundesweit als besonders dynamisch. Motoren der Entwicklung sind vorwiegend mittelständische Unternehmen verschiedenster Wirtschaftszweige, die sich durch ein hohes Maß an Flexibilität und Innovationspotenzial auszeichnen. Kennzeichnend für die Region ist darüber hinaus die stetige Entwicklung bei sozialversicherungspflichtig Beschäftigten (rund 225 000). Hier nehmen der Landkreis Heilbronn und der Hohenlohekreis eine führende Position in der Region Heilbronn-Franken ein. Die Zahl der bei den Industrie- und Handelskammern angemeldeten Betriebe stieg von 2006 bis 2009 um 1760 auf 26 700 an.

### Vom Zweirad zur Luxuslimousine

Nicht nur in und um Neckarsulm herum ist der Name NSU für Zwei- und Vierradfahrzeuge unvergessen. Ursprünglich produzierte die 1873 gegründete Firma nur Strickmaschinen. 1886 kam dann eine Fahrradabteilung und 1901 eine Motorradproduktion dazu – seitdem bestimmte das Zweirad die Geschicke des Unternehmens. Auch Automobile wurden bis 1929 und dann wieder ab 1958 produziert. Ein Jahrzehnt später fusionierten die NSU Motorenwerke AG in Neckarsulm und die Auto Union GmbH in Ingolstadt zur neuen Audi NSU Auto Union AG – inzwischen Audi AG mit Sitz in Ingolstadt. Neckarsulm blieb mit 13 500 von insgesamt 58 000 Beschäftigten einer der größten Produktionsstandorte des Unternehmens und wurde zur Wiege der Premiummodelle Audi A8, A6 und A4. »Faszination pur« verspricht das Audi Forum Neckarsulm. An die jahrzehntelange Ära der Zweiräder erinnert heute das Deutsche Zweirad- und NSU-Museum in Neckarsulm, mit über 400 Fahr- und Motorrädern die größte historische Sammlung von Zweirädern in Deutschland (› S. 65).

# Geschichte im Überblick

**Vor 30 000 Jahren** Besiedelung durch Menschen der Steinzeit.

**159–260 n. Chr.** Bau und Ausbau des obergermanisch-rätischen Limes durch die Römer.

**259/260** Die Alamannen überwinden den Limes, die Römer ziehen sich zurück.

**Um 496** Frankenkönig Chlodwig verdrängt die Alamannen.

**7. Jh.** Aus einem fränkischen Königshof entwickelt sich Heilbronn.

**965** Kaiser Otto I. verleiht Wimpfen Marktrecht, Begründung des Wimpfener Talmarkts.

**1053** Der Name »Franconia« taucht für das fränkische Siedlungsgebiet auf.

**1156** Der Bischof von Würzburg erhält von Friedrich I. Barbarossa den fränkischen Herzogtitel.

**1157** Zisterziensermönche gründen den Kloster Schöntal.

**Um 1200** Bau der Kaiserpfalz Wimpfen. 1182 wird ein Aufenthalt von Kaiser Barbarossa in Wimpfen vermutet.

**13. Jh.** Das fränkische Geschlecht der Hohenloher verfügt über größeren Besitz an Kocher und Jagst.

**14. Jh.** Heilbronn, Schwäbisch Hall und Wimpfen werden Freie Reichsstädte.

**1420** Der Deutsche Orden verlegt seinen Sitz nach Burg Horneck in Gundelsheim.

**Um 1480** Götz von Berlichingen wird in Jagsthausen geboren.

**Ab 1495** Gebietserwerbungen durch die Herzöge von Württemberg.

**1525** Mergentheim wird nach der Zerstörung von Burg Horneck im

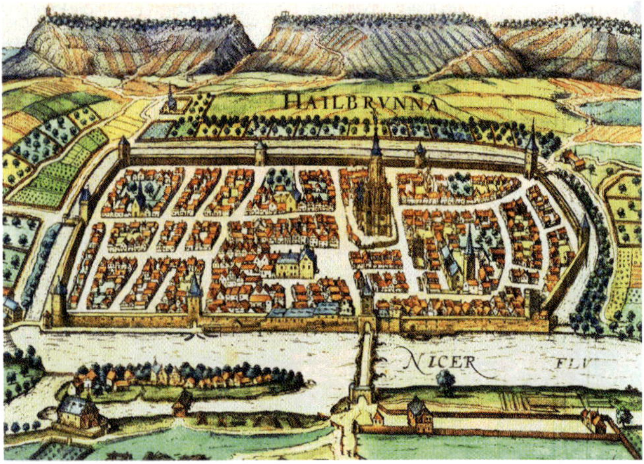


Heilbronn 1617: Kupferstich aus den »Civitates Orbis Terrarum«

Bauernkrieg neuer Sitz des Deutschen Ordens.

**1553–1555** Die Grafschaft Hohenlohe teilt sich in die Hauptlinien Waldenburg und Neuenstein, die sich in den folgenden Jahrhunderten weiter aufspalten.

**Um 1802** Beginnende Industrialisierung im Raum Heilbronn.

**1803** Unter Napoleon fallen Hohenlohe, die Freien Reichsstädte, der Besitz des Deutschen Ordens und der Klöster an das Königreich Württemberg, Tauberfranken an das Großherzogtum Baden.

**Ab 1921** Der Neckar wird zur Schifffahrtsstraße ausgebaut. Zahlreiche Schleusen entstehen.

**1944** Am 4. Dezember wird die historische Innenstadt von Heilbronn bei einem Luftangriff vollständig zerstört.

**1945** Am 20. April fällt Crailsheim zu 95 Prozent einem alliierten Bombardement zum Opfer.

**1952** Baden und Württemberg schließen sich zum Bundesland Baden-Württemberg zusammen.

**1973** Der Regionalverband Franken wird als Träger der Regionalplanung eingerichtet.

**2003** Umbenennung in Regionalverband Heilbronn-Franken.

**2010** Die Hochschule Heilbronn und der Standort Campus Künzelsau – Reinhold-Würth-Hochschule – erzielen beim bundesweiten Hochschul-Ranking des Zentrums für Hochschulentwicklung Spitzenergebnisse bei den Geistes-, Ingenieurs- und Erziehungswissenschaften sowie der Psychologie.
In Heilbronn wird die Kunsthalle Vogelmann eingeweiht.

## Eine Region mit vielen Wurzeln

Im ersten nachchristlichen Jahrhundert drängten die Römer auch am Neckar gen Norden und errichteten den Grenzwall Limes, der vom Schwäbischen Wald über die Hohenloher Ebene zum Main führte. Ende des 5. Jhs. wurde das Gebiet dem fränkischen Großreich einverleibt. Im 12. Jh. gründeten die Staufer die Kaiserpfalz Bad Wimpfen und weitere Städte, und in den folgenden Jahrhunderten wirkte die Landkarte der heutigen Region Heilbronn-Franken wie ein Puzzle mit vielen Dutzend Teilchen. Mit im Spiel waren die Fürsten von Hohenlohe, die Kurfürsten von der Pfalz, die Fürsten von Löwenstein-Wertheim, die Markgrafen von Ansbach, die Schenken von Limpurg, die Erzbischöfe von Mainz, die Fürstbischöfe von Würzburg, die Fürstpröbste von Ellwangen, der Deutsche Orden, die Herzöge von Württemberg, mehrere Klöster und die Freien Reichsstädte Heilbronn, Schwäbisch Hall und Wimpfen.

Ab 1803 nahm Napoleon die großflächige Flurbereinigung Mitteleuropas vor. Damals kamen die heutigen Landkreise Heilbronn, Schwäbisch Hall und Hohenlohe zum Königreich Württemberg, der Main-Tauber-Kreis zum Großherzogtum Baden. 1952 schließlich vereinigten sich Baden und Württemberg zum neuen Bundesland Baden-Württemberg.

# Die Menschen

Die jahrhundertelange Zugehörigkeit der verschiedenen Teile der Region zu Hohenlohe-Franken, Tauberfranken, Württemberg, Baden und diversen Grafschaften und Fürstentümern ließ homogene Bevölkerungsstrukturen nicht entstehen. Zwar kann man als gemeinsame Klammer den Überbegriff »Franken« betrachten, doch wurde schon vor 150 Jahren diskutiert, ob die Heilbronner Franken oder Schwaben sind, zumal der ursprüngliche Dialekt eine Mischung aus beiden Sprachrichtungen ist. Das Badische in der Tauberregion hat gewisse Ähnlichkeiten mit der Würzburger mainfränkischen Sprachmelodie. Und in Hohenlohe spricht man eine ganz eigene Art des Fränkischen – eben Hohenlohisch. Der Stolz auf diese »eigene« Sprache rührt auch daher, dass sich die Bevölkerung nach der Zuordnung des Gebietes zu Württemberg jahrzehntelang in die innere Emigration begeben hat und vom neuen Land und seinem König absolut nichts wissen wollte. Inzwischen hat sich vor allem durch die Umwälzungen und Zuwanderungen nach dem Zweiten Weltkrieg vieles vermischt, sodass sich sowohl im industrialisierten Heilbronn als auch in den ländlichen Gebieten kaum noch eindeutige Bevölkerungsmerkmale feststellen lassen.

Das gilt auch für die Religionszugehörigkeit in den ursprünglich klar getrennten Konfessionsgebieten. Die Reichsstädte und das Heilbronner Land waren protestantisch, das Stammland des Hauses Hohenlohe teilte sich 1553 in die katholische Linie Waldenburg und die evangelische

Der Turm der Kilianskirche in Heilbronn, der erste Renaissanceturm nördlich der Alpen

Linie Neuenstein. Das Taubergebiet dagegen blieb katholisch, und die Bevölkerung war (und ist teilweise bis heute) so fromm, dass man das Gebiet zwischen Tauber und Odenwald wegen der vielen Madonnen und Bildstöcke Madonnenländchen nennt.

Vor allem in der Industrieregion des Neckars kommt nun eine weitere Religion dazu, der Islam – davon zeugen mehrere Moscheen, z.B. in Heilbronn und Schwäbisch Hall.

Palas der Kaiserpfalz Bad Wimpfen

# Kunst und Kultur

Alte Reichs- und Residenzstädte, prächtige Schlösser und Burgen, großartige Kirchen vieler Epochen, ein schier überbordender Festspielkalender voller Konzerte, Theateraufführungen und Freilichtspiele sowie bedeutende Museen und Kunstgalerien – in Sachen Kunst und Kultur bewegt sich die Region Heilbronn-Franken auf hohem Niveau.

## Architektur

Unübersehbar hat der mittelalterliche Burgenbau in dieser Region seine Spuren hinterlassen. Kaum eine markante Anhöhe ohne Burg oder Ruine, deren Ursprünge meist in die **romanische** Stilepoche reichen. Dazu gehört auch die um 1200 erbaute Kaiserpfalz in Bad Wimpfen, von der allerdings nur noch Reste der ursprünglichen Bebauung übrig sind. Bestens erhalten sind dagegen die romanischen Teile der Comburg in Schwäbisch Hall. Zu den Kleinoden zählen auch die Achatiuskapelle in Grünsfeld-Hausen und der spätromanische Kreuzgang in Kloster Bronnbach.

Aus der Zeit der **Gotik** blieben einige herausragende Kirchenbauten erhalten, vor allem in den einstigen Reichsstädten Schwäbisch Hall, Heilbronn und Bad Wimpfen sowie in Wertheim.

Die eindrucksvollsten Bauwerke stammen jedoch aus der **Renaissance.** Der Turm der Kilianskirche in Heilbronn war das erste bedeutende Bauwerk der Renaissance in Deutschland. Die Hohenloher griffen diesen Baustil auf, und weil sich das Geschlecht in immer mehr Seitenlinien aufspaltete und jeder Lokalfürst sein eigenes Residenz-

Flügelaltar von Hans Seyfer in der Kilianskirche von Heilbronn

schloss haben wollte, finden sich heute einige der glanzvollsten Renaissanceschlösser in dieser Region, etwa in Weikersheim, Neuenstein, Öhringen oder Langenburg, mit kleineren Ausmaßen auch in Vellberg oder Gaildorf.

Die formen- und farbenreiche Epoche des **Barock** findet sich in einigen außerordentlich schönen Beispielen klerikaler und profaner Bauten. Üppig und glanzvoll zeigen sich Kirche und Kloster Schöntal, wo das Treppenhaus als Meisterstück jener Zeit gilt, und in Schwäbisch Hall begeistert der Marktplatz mit dem barocken Rathaus. In Tauberfranken finden sich viele barocke Bildstöcke in Feld und Flur, und Madonnen schmücken Hauswände und Brunnensäulen.

Auch der **Jugendstil** ist vertreten, am stilreinsten in der Kirche von Gaggstatt (Ortsteil von Kirchberg an der Jagst), ein schon äußerlich ungewöhnlicher Bau mit schöner Dekorationsmalerei im Inneren.

Aus dem 20. und 21. Jh. stammen neben modernen Wohn-, Industrie- und Gewerbebauten auch einige beachtliche Schöpfungen der **Postmoderne,** beispielsweise das 1983 erbaute Theater in Heilbronn, das 1991 entstandene Museum Würth in Künzelsau oder die 2001 eröffnete Kunsthalle Würth in Schwäbisch Hall.

## Bildende Kunst

Einige Kunstwerke bekannter Maler und Holzschnitzer zählen zu den großen Meisterwerken ihrer Zeit. Dazu gehören der um 1500 entstandene Marienaltar von Tilman Riemenschneider in der Herrgottskirche in Creglingen und der vom selben Künstler geschaffene Heilig-Kreuz-Altar in der St. Jakobus-Kirche in Rothenburg. Ebenfalls aus der Gotik stammen der Flügelaltar des Holzschnitzers Hans Seyfer in der Kilianskirche in Heilbronn und die Stuppacher Madonna (1514) des Malers Matthias Grünewald im Bad Mergentheimer Stadtteil Stuppach. Eine reichhaltige Sammlung Alter Meister, darunter den berühmten Bilderschatz der ehemaligen Fürstlich Fürstenbergischen Sammlung, zeigt die Johanniterhalle in Schwäbisch Hall, eine ehemalige Kirche aus dem 12. Jh.

Renaissancekünstler schufen vor allem in den Schlössern eindrucksvolle Bilder und Plastiken, wobei die Kassettendecke des Rittersaals von Schloss Weikersheim einen besonderen Höhepunkt bildet. Auch ihre Grabmale ließen die Fürsten jener Zeit figurenreich gestalten, beispielsweise die Grablege der Schenken von Limpurg in der Gaildorfer Kirche oder schmuckvolle Grabmale des Hauses Hohenlohe in Öhringen.

Skulpturen, Malerei und Grafiken vom ausgehenden 19. Jh. bis zur Gegenwart mit Schwerpunkt auf der Klassischen Moderne umfasst die 12 500 Werke umfassende Sammlung Würth › S. 91. Sie bildet die Basis der thematisch wechselnden Ausstellungen in den Kunsthallen Würth in Künzelsau und Schwäbisch Hall.

## Literatur

Mit der Region Heilbronn-Franken sind auch mehrere der großen deutschen Dichter und Denker verbunden. Friedrich Hölderlin, einer der ganz großen Lyriker,

Echt gut!

### Die schönsten Burgen und Schlösser

- Vieles erinnert auf **Burg Hornberg** an Götz von Berlichingen, den Ritter mit der eisernen Hand › S. 68.
- Mit Bergfried und Schildmauer ist **Burg Guttenberg** ein ungewöhnlich gut erhaltenes Beispiel einer mittelalterlichen Burg › S. 69.
- Mit ihren mächtigen Mauern wirkt die großartige **Comburg** bei Schwäbisch Hall zwar wie eine Burg, war aber ein befestigtes Kloster › S. 94.
- Im **Residenzschloss Langenburg** mit einem berühmten Renaissance-Innenhof bieten Prunkräume Einblicke in höfisches Leben › S. 99.
- In der **Götzenburg Jagsthausen** erblickte Götz von Berlichingen das Licht der Welt. Der stimmungsvolle Innenhof bildet die Kulisse für die Burgfestspiele › S. 67.
- Besonders sehenswert auf **Schloss Neuenstein** sind der Kaisersaal und die original erhaltene Küche aus dem 15. Jh. › S. 113.
- **Schloss Weikersheim** blieb so erhalten, wie es der letzte Graf bei seinem Tod 1786 hinterlassen hat. Der berühmte Rittersaal mit bemalter Kassettendecke und der Schlosspark sind besonders sehenswert › S. 134.
- Das **Deutschordensschloss Bad Mergentheim** war jahrhundertelang Residenz der Ritter des Deutschen Ordens › S. 119.
- Hoch über der Stadt gehört **Burg Wertheim** auch als Ruine zu den eindrucksvollsten Zeugen des mittelalterlichen Festungsbaus mit mächtigen Mauern und tiefem Burggraben › S. 130.

Zehn Tage lang wird im September das Heilbronner Weindorf gefeiert

wurde in Lauffen am Neckar 1770 geboren. Eduard Mörike, Lyriker und Erzähler der Schwäbischen Schule, wirkte von 1834 bis 1844 als Pfarrer in Cleversulzbach, wo er allerdings viel lieber seinen literarischen Interessen als seinem theologischen Amt nachging. Der Arzt und Dichter Justinus Kerner verbachte 43 Lebensjahre bis zu seinem Tod 1862 in Weinsberg. Und der aus Brackenheim stammende Theodor Heuss war nicht nur erster Präsident der Bundesrepublik Deutschland, sondern auch ein viel beachteter Schriftsteller und Autor. Zu literarischem Ruhm verhalf Heinrich von Kleist der Neckarmetropole Heilbronn mit seinem 1810 uraufgeführten Ritterschauspiel »Das Käthchen von Heilbronn«.

## Der Dichterkreis um Justinus Kerner

Schon als Medizinstudent in Tübingen war Justinus Kerner mit Ludwig Uhland und Gustav Schwab befreundet – die Keimzelle der Schwäbischen Dichterschule, die Kerner in Weinsberg um sich sammelte. In seinem Wohnhaus, als »Kernerhaus« heute Museum, trafen sich viele Jahre lang Dichter zu literarischen Runden, darunter Ludwig Uhland, Gustav Schwab, Nikolaus Lenau und Alexander von Württemberg. Von Kerner stammen Gedichte, die teilweise als Lieder bekannt wurden, darunter die Wanderlieder »Wohlauf! Noch getrunken den funkelnden Wein« und »Der Wanderer in der Sägmühle«. Kerner beschäftigte sich später auch mit spiritistischen und okkultistischen Themen und beherbergte die geheimnisumwitterte, »somnambule« Friederike Hauffe, der er mit seinem Roman »Die Seherin von Prevorst« ein Denkmal setzte.

# Feste und Veranstaltungen

Die Fülle an Festen und Veranstaltungen, die jedes Jahr von Frühling bis Herbst für Abwechslung vom Alltag sorgen, ist geradezu gigantisch: Da werden Marktplätze, Kirchen, Schlösser und Ruinen zu Kulissen hochkarätiger Musik- und Theateraufführungen.

Der Hohenloher Kultursommer zieht mit seinen Klassikkonzerten an historischen Veranstaltungsorten alljährlich rund 15 000 Besucher an. In der Region sind außerdem die ältesten Freilichtspiele Baden-Württembergs beheimatet, die 1925 begründeten Spiele auf der großen Freitreppe der Michaelskirche in Schwäbisch Hall. Aus einem guten Dutzend weiterer Freilichtspiele zumeist in Schlössern und Burgen ragen die Burgfestspiele in der Götzenburg Jagsthausen und die Weibertreu-Festspiele Weinsberg hervor. Dazu kommen Frühlingsfeste, in den Weinregionen Volks- und Weinfeste, in den Heilbädern Kurpark- und Lichterfeste, Popkonzerte, Fastnachtsumzüge und Sommernachtsfeste sowie stimmungsvolle Weihnachtsmärkte in vielen Städten.

## Festkalender

**Februar:** **Pferdemärkte** in Heilbronn und Öhringen.

**Mai–September:** **Hohenloher Kultursommer** mit ca. 70 Konzerten in Schlössern, Burgen und Kirchen der gesamten Region.

**Juni (Pfingsten):** **Kuchen- und Brunnenfest** in Schwäbisch Hall, historisches Fest der Sieder und Heimatfest.

**Juni–August:** Anspruchsvolle Stücke mit renommierten Schauspielern und Regisseuren stehen auf dem Programm der **Burgfestspiele Jagsthausen.**

Die **Freilichtspiele auf der Großen Treppe in Schwäbisch Hall** bieten großes Theater, Lustspiel sowie Musical.

Auf den **Künzelsauer Burgfestspielen Schloss Stetten** werden Eigenproduktionen und Gastspiele aufgeführt.

**Juli:** **Burgfest** in Krautheim.

Die **Bad Rappenauer Klassiktage** bieten musikalisch hochwertige Konzerte.

Großes **Kurparkfest** mit Illumination und Feuerwerk in Bad Mergentheim.

Beim **Weinbrunnenfest** in Vellberg fließt Wein aus dem Stadtbrunnen.

**Floßfest** mit Wasserspektakel auf dem Kocher in Gaildorf.

**Juli/August:** **Unterländer Volksfest** mit Vergnügungspark und Livemusik auf der Theresienwiese in Heilbronn.

**August:** Romantisches **Lichterfest** im Bad Rappenauer Kurpark.

**September:** **Deutschlands gemütliches Weindorf** – zehntägiges Volksfest in der Innenstadt von Heilbronn mit Spitzenweinen aus dem Heilbronner Land und aus Hohenlohe.

**Schlossparkträume** – Die dreitägige Gartenausstellung findet Ende September im Schlosspark Assumstadt bei Möckmühl statt (Tel. 0 62 98/ 42 48, www.assumstadt.com).

**Fränkisches Volksfest** in Crailsheim, traditionsreiches Heimatfest mit Umzügen.

**Backofenfest** im Hohenloher Freilandmuseum Schwäbisch Hall.

**Oktober:** Beim **Heilbronner Hafenmarkt** zeigen Künstler aus mehreren Ländern hohe Töpferkunst.

**Jagsttaler Volksfest** und Herbstmesse in Krautheim.

## Essen und Trinken

Wo **Wein** wächst, wird auch gut gegessen – und Reben wachsen in fast allen Teilen der Region Heilbronn-Franken › Special Wein S. 60. Wenn die Gasthäuser dann noch Ochsen, Lamm oder Hirsch, Bären oder Löwen heißen, darf man bodenständige, regionale Küche erwarten. Natürlich wird auch hier in manch alter Wirtschaft inzwischen italienisch oder griechisch gekocht, was von einem Besuch aber nicht abhalten sollte. Auch mit **Haute Cuisine** ist die Region reich gesegnet. Kaum anderswo findet man derart viele von den Gourmetführern mit Sternen, Kochlöffeln oder Hauben geadelte Feinschmeckerrestaurants.

In der **Tauberregion** kommt seit einiger Zeit eine fast vergessene Spezialität wieder zu Ehren: der Grünkern › S. 125.

Nur frische Zutaten verwendet Jürgen Koch in seinem Restaurant Laurentius in Weikersheim

In den klaren Bächen fühlen sich die Tauberforellen wohl, und die Schäfereien leisten durch Beweidung von Naturschutzflächen mit ihren Mutterschafen darüber hinaus noch einen Beitrag zur Artenvielfalt. Neben dem Wein hat auch das Bier hier lange Tradition. Bewusst setzen die Brauereien auf kontrolliertes Getreide der Tauberfranken-Region und lokales Brauwasser.

Feinschmecker finden auch in **Hohenlohe** mit seinen regionalen Produkten ihr Paradies. Eine Renaissance erlebten die alten Nutztierrassen – insbesondere das rosa-schwarz gestreifte Hällische Landschwein und das Limpurger Rind, bekannt als »Boef de Hohenlohe« – mit ihrem saftigen und geschmackvollen Fleisch. Eine urig-ländliche Spezialität dagegen ist der »Blooz«, eine Art heimische Pizza mit Sauerrahm-Speck-Auflage. Die winzigen süßen Wibele › S. 101 gibt's nur in Langenburg, das Hefegebäck Horaffe › S. 97 in Crailsheim.

Im Gebiet **Neckartal/Heuchelberg/Stromberg** kommt bei traditionsbewussten Wirten schwäbisch-badische Kost auf den Tisch: Spätzle, Maultaschen, Rostbraten, Saure Nierle und Co. Und der Burgunderbraten wird hier natürlich in heimischen Weinen aus Deutschlands größter Rotweinregion eingelegt.

Auch feiert seit einiger Zeit der Bärlauch sein Comeback. Gastronomen, Bäcker und Metzger kreieren immer neue Rezepte um den Waldknoblauch.

Echt gut!

## Gourmetrestaurants – Feines für Feinschmecker

■ **Gourmet-Restaurant Löwen**
**Heilbronner Str. 43**
**74211 Leingarten**
**Tel. 0 71 31/40 36 78**
**www.uwe-straub.de**
Nahe Heilbronn bringt Uwe Straub einfallsreiche Kreationen auf den Tisch – ob Rochenflügel auf Artischockenpürre oder Mistkratzerle mit Flusskrebsen. Di–Sa ab 18 Uhr, So 11.30–14 Uhr, Mo Ruhetag. ●●●

■ **Wald & Schlosshotel Friedrichsruhe**
**Kärcherstraße**
**74639 Zweiflingen-Friedrichsruhe**
**Tel. 0 79 41/60 87-0** ][ **www.schlosshotel-friedrichsruhe.de**
In fürstlichem Ambiente kreiert Sternekoch Boris Benecke leichte, genussvolle Aromaküche. Etwas rustikaler kommen die Schlemmereien in der Jägerstube daher.

■ Josef Wolf vom **Restaurant Eisenbahn** in Schwäbisch Hall-Hessental ist für seine individuelle Frischeküche von einschlägigen Gourmetführern hoch dekoriert worden. Fisch und Fleisch stammen, wenn möglich, aus der Region › S. 93.

■ Auch der Landgasthof **Rebers Pflug** in Schwäbisch Hall wurde von Michelin & Co. für sein geschmackvolles Ambiente und die erlesene Küche ausgezeichnet › S. 93.

■ Im Restaurant **Laurentius** in Weikersheim regiert Jürgen Koch, einer der jungen Spitzenköche Deutschlands. Im Bistro leichte Tagesküche, Gourmetmenüs im Gewölbekeller › S. 135.

# Unterwegs in Heilbronn-Franken

Entdecken Sie die einzelnen Reiseregionen – jeweils mit den schönsten Touren, allem Sehens- und Erlebenswerten, Hotel-, Restaurant-, Nightlife- und Shoppingtipps

# Heilbronn und Heilbronner Land

## Nicht verpassen!

- Einen abwechslungsreichen Stadt- und Shoppingbummel in Heilbronn
- Im Süddeutschen Eisenbahnmuseum Heilbronn mächtige Dampfloks bestaunen
- Einen Spaßtag im Freizeitpark Tripsdrill mit Wildwasser-Schussfahrt zum Jungbrunnen
- Auf Burg Guttenberg eine Greifvogel-Vorführung erleben
- In Weinsberg zur Burgruine Weibertreu wandern

Karte Seite 46

# Zur Orientierung

Die Großstadt Heilbronn ist mit 122 400 Einwohnern das wirtschaftliche Herz der gesamten Region Heilbronn-Franken, auch wenn sie eher am westlichen Rand liegt. In der Metropole des württembergischen Unterlandes verbinden sich schwäbischer Fleiß und fränkische Lebensart. Umgeben von ausgedehnten Weinlandschaften versteht man hier fröhlich zu feiern, Kunst und Kultur bei Theater, Konzerten und in anspruchsvollen Kunstausstellungen zu genießen. Als Lebensader zieht sich der Neckar durch die Stadt und das Unterland, Schifffahrtsstraße und Freizeitgewässer gleichermaßen.

Kontrast zum geschäftigen Oberzentrum Heilbronn sind die eher ruhigen Landschaften der Umgebung. Im Westen erstrecken sich die Hügel und Weinberge des Zabergäus und die Ausläufer des waldreichen Naturparks Stromberg-Heuchelberg. Im Südosten reicht der Naturpark Schwäbisch-Fränkischer Wald mit dem Naherholungsgebiet Breitenauer See in das Gebiet Neckarland, und im Nordosten locken in den tief eingeschnittenen Tälern von Kocher und Jagst malerische Mittelalter-Städtchen und Weindörfer zum Besuch. Es gibt viel zu entdecken im Heilbronner Land.

Blick auf die Burgruine Weibertreu bei Weinsberg

## Touren in der Region

### Kleine Neckarland-Rundfahrt

**4 Heilbronn › Weinsberg › Neckarsulm › Bad Friedrichshall › Gundelsheim › Burg Guttenberg › Bad Rappenau › Bad Wimpfen › Heilbronn**

**Länge:** 1 Tag; 50 km
**Praktische Hinweise:** Die Tour ist nur mit dem Pkw möglich. Wollen Sie eine Flugvorführung der Deutschen Greifenwarte auf Burg Guttenberg miterleben, sollten Sie um 11 oder um 15 Uhr dort sein.

Wenige Kilometer östlich von ****Heilbronn** › S. 50 erhebt sich über **Weinsberg** › S. 63 unübersehbar der Bergkegel mit der **Burgruine Weibertreu,** der auch vom Autobahnkreuz Weinsberg gut zu erkennen ist. Unter der Autobahn A 6 hindurch wird nach 5 km **Neckarsulm** › S. 64 und nach weiteren 3 km **Bad Friedrichshall-Kochendorf** › S. 65 erreicht. Auf der Weiterfahrt nach **Gundelsheim** › S. 67 mit seiner schönen Altstadt folgen im Abstand von wenigen Kilometern die Mündungen von Kocher und Jagst, die beiden größten Neckarzuflüsse der Region. Ein Abstecher nach Norden führt zur **Burg**

Fachwerkidylle in Bad Wimpfen

**Hornberg** › S. 68, in der Götz von Berlichingen lange lebte. Der ehemalige Pferdestall ist nun ein Hotelrestaurant mit grandiosem Ausblick über das Neckartal. Auf der anderen Neckarseite, gegenüber von Gundelsheim, erblickt man schon die hoch aufragende mittelalterliche ***Burg Guttenberg** › S. 69 mit ihrem sehenswerten Burgmuseum und der Greifenwarte. Durch **Bad Rappenau** › S. 70 geht es zur nahen Mittelalterstadt ****Bad Wimpfen** › S. 71, die vom Parkplatz außerhalb der Altstadt bequem zu Fuß erreichbar ist. Für die Rückfahrt nach Heilbronn empfiehlt sich statt der verkehrsreichen B 27 die Landstraße links des Neckars über Unter- und Obereisesheim.

## Durch das Zabergäu zum Heuchelberg

**5 Heilbronn › Lauffen am Neckar › Brackenheim › Cleebronn › Zaberfeld › Eppingen › Schwaigern › Heilbronn**

**Länge:** 2–3 Tage; 90 km
**Praktische Hinweise:** Für Heilbronn sollten Sie sich einen ganzen Tag Zeit nehmen. Um einen Eindruck von der Landschaft und den Städtchen der Tour zu bekommen, genügt ebenfalls ein Tag. Wenn Sie jedoch einige unterhaltsame Stunden im Freizeitpark Tripsdrill bei Cleebronn erleben möchten oder einen Abend in einem gemütlichen Weindorf

verbringen wollen, dann empfehlen wir, sich einen weiteren Tag Zeit zu nehmen. Verkehrsmittel: Heilbronn zu Fuß, Rundtour mit dem Auto.

Nach einem ausgedehnten Stadtrundgang durch ****Heilbronn** › S. 50 gehört der Abend dem vielfältigen Gastronomieangebot der Neckarstadt – bei gutem Wetter in einem der vielen Biergärten. Am nächsten Morgen geht es über Nordheim zur Hölderlinstadt **Lauffen am Neckar** › S. 73 – auf der ruhigeren Landstraße links des Neckars fährt es sich angenehmer als auf der stark frequentierten B 27. Durch die Weinbaugemeinde **Brackenheim** › S. 74 führt der Weg weiter nach Cleebronn, wo man sich im **Freizeitpark Tripsdrill** › S. 75 und im **Wildparadies** stundenlang aufhalten kann. **Güglingen** › S. 76 bietet sich für eine Übernachtung an, bei **Zaberfeld** › S. 77 im Naturpark Stromberg-Heuchelberg lädt der Badesee Ehmetsklinge zur Erfrischung oder zu einer Bootsfahrt ein. Über den Höhenzug des Heuchelbergs geht es nun vom Zabertal ins parallel verlaufende Leintal hinüber nach **Eppingen** › S. 78, wo man ebenfalls übernachten könnte. In der historischen Altstadt ist beeindruckende Fachwerkarchitektur zu bewundern. Die Tour führt weiter durch ausgedehnte Weinlandschaften nach **Schwaigern** › S. 79. Zwischen Schwaigern und Leingarten lockt der **Leintalzoo** mit zahlreichen Affenarten und exotischen Vögeln, bevor es zurück nach Heilbronn geht.

## Weinwanderung über den Heuchelberg

**6 Parkplatz Heuchelberger Warte bei Leingarten › Wartturm › Heuchelberger Heerstraße › Wolfsgrube › Schloss Stocksberg › Haberschlacht › Weinlehrpfad Zweifelberg › Neipperg › Heuchelberger Warte**

**Länge:** 1 Tag; 23 km
**Praktische Hinweise:** Der mit wechselnden Markierungen bezeichnete Wanderweg eignet sich auch als mittelschwere Mountainbiketour. Asphaltierte Wirtschaftswege in den Weinbergen wechseln mit befestigten Waldwegen ab. Für eine gemütliche Zwei-Tages-Tour empfiehlt sich eine Übernachtung in Neipperg. Einkehrmöglichkeiten bestehen auf größeren Strecken nicht. S-Bahn-Anschlüsse in Leingarten und Schwaigern-Stetten. Kartentipp: Freizeitkarte Nr. 517 »Heilbronn« 1:50 000 des Landesvermessungsamts Baden-Württemberg.
Einen GPS-Track gibt es zum Download bei www.heilbronnerland.de

Diese Wanderung führt teilweise auf dem Württembergischen Weinwanderweg durch Weinberge mit Panoramablicken und durch die Wälder des Heuchelbergs, eines Höhenzugs zwischen den Flüssen Lein und Zaber.

Als Ausgangspunkt empfiehlt sich der Wanderparkplatz unterhalb der **Heuchelberger Warte** südlich von Leingarten (S-Bahn-Station). Ein erster steiler Anstieg, wahlweise über Treppen oder auf asphaltiertem Wirtschaftsweg, führt zum schon 1483 als Wachtturm an der damaligen württembergischen Grenze erbauten **Wartturm** (215 m), der heute als Aussichtsturm dient (frei zugänglich) und einen eindrucksvollen Rundblick im Süden bis nach Stuttgart, im Norden über Heilbronn zum Odenwald und im Osten über die Löwensteiner Berge ins Hohenloher Land bietet. Am Fuß des Turms befindet sich eine Ausflugsgaststätte.

Karte Seite 46

An der Grenze zwischen den Weinbergen an den Hängen des Heuchelbergs und dem bewaldeten Heuchelbergrücken folgen wir nun in südwestlicher Richtung auf eindrucksvoller Panoramastrecke dem Württembergischen Weinwanderweg. Etwa 2 km nach dem Wartturm führt bei einer Weggabelung der kombinierte Rad-/Wanderweg in den Wald hinein und folgt nun der **Heuchelberger Heerstraße,** dem Hauptwanderweg (HW) 8 des Schwäbischen Albvereins. Die Route führt weiter zum Naturdenkmal »Drei Eichen«, zur ehemaligen Burg Rotenbrunnen und zur **Wolfsgrube,** einem schluchtartigen kleinen Tal, durch das es nun abwärts geht.

Kurz vor dem Waldrand biegen wir nach links in den mit einem roten Kreuz markierten Weg ab, den wir am Ende des Waldes verlassen, um etwa 200 m der Kreisstraße Richtung Haberschlacht zu folgen und dann südlich über Feldwege auf das fotogen über Weinbergen gelegene (nicht öffentlich zugängliche) **Schloss Stocksberg** oberhalb von Stockheim zuzugehen. Kurz danach trifft die Wanderung wieder auf den Weg mit dem roten Kreuz, führt durch das malerische Weindorf **Haberschlacht** und dann weiter im steten Auf und Ab zum **Natur- und Weinlehrpfad Zweifelberg** in Richtung des von einer Burgruine gekrönten Weinorts **Neipperg.**

Wer nun nach gut 17 km Wanderung einen gemütlichen Abend verbringen möchte, kann durch die Weinberge ins Dorf hinuntergehen und dort gut essen und übernachten (z.B. im Landhaus Flämmle, Brackenheim-Neipperg, Tel. 0 71 35/93 31 09, www.landhaus-flaemmle.de, ●●).

Ansonsten führt der Wanderweg oberhalb von Neipperg weiter zwischen Wald und Weinbergen wieder nach Nordosten Richtung Wartturm und trifft kurz vorher auf den schon zu Beginn passierten Panoramaweg.

(4) **Kleine Neckarland-Rundfahrt** Heilbronn › Weinsberg › Neckarsulm › Bad Friedrichshall › Gundelsheim › Burg Guttenberg › Bad Rappenau › Bad Wimpfen › Heilbronn

(5) **Durch das Zabergäu zum Heuchelberg** Heilbronn › Lauffen am Neckar › Brackenheim › Cleebronn › Zaberfeld › Eppingen › Schwaigern › Heilbronn

(6) **Weinwanderung über den Heuchelberg** Parkplatz Heuchelberger Warte bei Leingarten › Wartturm › Heuchelberger Heerstraße › Wolfsgrube › Schloss Stocksberg › Haberschlacht › Weinlehrpfad Zweifelberg › Neipperg › Heuchelberger Warte

(7) **Radwanderung vom Breitenauer See über den Burgenweg zum Kocher** Breitenauer See › Weiler › Eschenau › Bretzfeld › Siebeneich › Langenbeutingen › Neuenstadt › Dahenfeld › Neckarsulm › Erlenbach › Weinsberg › Obersulm › Breitenauer See

## Radwanderung vom Breitenauer See über den Burgenweg zum Kocher

**7 Breitenauer See › Weiler › Eschenau › Bretzfeld › Siebeneich › Langenbeutingen › Neuenstadt › Dahenfeld › Neckarsulm › Erlenbach › Weinsberg › Obersulm › Breitenauer See**

**Länge:** 1 Tag; 67 km
**Praktische Hinweise:** Diese leichte bis mittelschwere Radtour eignet sich auch für Camper und Wohnmobilisten, da sich am Breitenauer See ein weitläufiger Campingpark befindet (www.breitenauer-see.de).
Kartentipps: Landkreiskarte Heilbronn des Landesvermessungsamtes Baden-Württemberg; Radkarte Hohenlohe, Esterbauer Verlag.

Diese Tagestour führt auf hügeligen, aber nur selten und dann ganz kurz etwas steileren Radwegen durch Felder und Weinlandschaften im Heilbronner Land und im westlichen Hohenlohe. Die Anstiege und Abfahrten zwischen den verschiedenen Flusstälern sind meist sanft und auch von halbwegs trainierten Kindern gut zu bewältigen.

Startpunkt ist das Naherholungsgebiet **Breitenauer See** › S. 64 bei Obersulm. Auf dem Damm zwischen dem Hauptsee und dem unter Naturschutz stehenden kleineren Teich am Oberlauf wird das Gewässer umrundet. Durch den Teilort Weiler erreicht die Strecke dann Affaltrach und damit den **Burgenstraßen-Radweg** (BU), den Ferntourenweg von Mannheim nach Rothenburg ob der Tauber. Ihm folgen wir sanft bergauf über Eschenau bis Bretzfeld, wo wir links nach Rappach abbiegen und nun dem **Radwanderweg Schiefe Ebene** (SE) über Siebeneich bis Langenbeutingen folgen. Ab dort geht es sanft talabwärts durch das Brettachtal bis **Neuenstadt am Kocher**. In dem 9500 Einwohner großen Städtchen mit vielen Fachwerkhäusern und einem mächtigen Torturm laden Restaurants, Cafés und Bistros zur Rast. Wer sich für Eduard Mörike interessiert, könnte schon vor Neuenstadt in Langenbrettach einen Abstecher zum 3 km entfernten Ort **Neuenstadt-Cleversulzbach** machen und dort den Spuren des bekannten Lyrikers nachgehen (› Exkurs S. 49).

Von Neuenstadt aus geht es aus dem Kochertal, kurz etwas steiler ansteigend, wieder aufwärts durch das Dahenbachtal und durch Dahenfeld zum Mönchswald, der immer am Waldrand umradelt wird. Nach einer scharfen Rechtskurve folgt die Abfahrt Richtung **Neckarsulm** › S. 64. Kurz nach dem Campingplatz Reisachmühle mündet die Tour wieder in den Burgenstraßen-Radweg und folgt ihm nach links durch das Sulmtal. Durch Erlenbach, **Weinsberg** › S. 63 und Obersulm wird wieder der Breitenauer See erreicht.

Karte
Seite 46

## Eduard Mörike und Cleversulzbach

Der Lyriker Eduard Mörike (1804–1875), Freund von Friedrich Hölderlin und vielen anderen Dichtern der Romantik, war eigentlich Theologe. Zwar hätte er sich lieber ganz der Dichtkunst gewidmet, wagte es im Gegensatz zu Hölderlin aber nicht, sich als freier Schriftsteller durchzuschlagen. 1834 wurde er Pfarrer in Cleversulzbach (bis 1843), wo u.a. auch das lange Gedicht »Der alte Turmhahn« entstand, das den Ort weithin bekannt gemacht hat. Auch sonst hat Mörike viele Erlebnisse, Eindrücke und Örtlichkeiten aus der Cleversulzbacher Zeit beschrieben. Ein Mörikepfad führt auf seinen Spuren zu einigen markanten Stellen in und außerhalb des Orts, etwa zum Grabstein der 1802 in Cleversulzbach gestorbenen Mutter von Friedrich Schiller. Mörike hatte ihr fast vergessenes Grab zu Beginn seiner Amtszeit als Pfarrer entdeckt und ein Gedicht darüber geschrieben. Seine eigene Mutter fand 1841 im Grab unmittelbar daneben ihre letzte Ruhe. Im alten Schulhaus in Cleversulzbach wurde ein Mörike-Museum eingerichtet (So u. Fei 11–16.30 Uhr, www.moerike-museum.de). Dort ist auch eine Nachbildung des alten Turmhahns zu bewundern, den Mörike in seinem Idyllengedicht verewigte. Die erste Strophe lautet:

*Zu Cleversulzbach im Unterland*
*Hundertunddreizehn Jahr ich stand,*
*Auf dem Kirchturm ein guter Hahn,*
*Als ein Zierat und Wetterfahn.*
*In Sturm und Wind und Regennacht*
*Hab ich allzeit das Dorf bewacht.*
*Manch falber Blitz hat mich gestreift,*
*Der Frost mein' roten Kamm bereift,*
*Auch manchen lieben Sommertag,*
*Da man gern Schatten haben mag,*
*Hat mir die Sonne unverwandt*
*Auf meinen goldigen Leib gebrannt.*
*So ward ich schwarz für Alter ganz,*
*Und weg ist aller Glitz und Glanz.*
*Da haben sie mich denn zuletzt*
*Veracht't und schmählich abgesetzt.*
*Meinthalb! So ist der Welt ihr Lauf,*
*Jetzt tun sie einen andern 'nauf.*
*Stolzier, prachtier und dreh dich nur!*
*Dir macht der Wind noch andre Cour.*

Heilbronn ][ Stadtrundgang

# Unterwegs in **Heilbronn 1

Heilbronn (122 400 Einwohner) ist eine sehr lebendige Stadt, die gerade in den letzten Jahren durch neu gestaltete Fußgängerzonen, Neckarpromenade und moderne Shoppingcenter weiter an Attraktivität gewonnen hat.

Erstmals 741 als »villa Helibrunna« erwähnt, wuchs die Stadt dank der Lage am Verkehrsweg Neckar rasch und erhielt 1146 Markt- und Münzrecht. Von 1371 bis 1803 war Heilbronn eine wohlhabende Freie Reichsstadt. Danach entwickelte sie sich ab Ende des 19. Jhs. zur zweitgrößten württembergischen Industriestadt (nach Stuttgart). Nach großflächigen Zerstörungen im Zweiten Weltkrieg zeigt sich Heilbronn heute als junge, moderne Stadt mit einem außerordentlich reichen Kulturleben. Mit seinen ausgedehnten Anbauflächen gilt Heilbronn als Hauptstadt des Weins in Württemberg.

Auch sieht man sich als besonders familienfreundliche Stadt und ist stolz darauf, 2005/2006 zur ersten UNICEF-Kinderstadt gekürt worden zu sein. Bei einem Streifzug durch die Innenstadt begegnet man historischen Spuren der alten Reichsstadt ebenso wie zeitgemäßer Architektur. Und die vier begehbaren mittelalterlichen Türme gewähren einen tollen Panoramablick auf die »Stadt im Grünen«, umgeben von einem Kranz aus Wald und Weinbergen.

## Stadtrundgang

### Rund um den Marktplatz

Am besten beginnt man den Stadtrundgang am stimmungsvollen **Marktplatz** Ⓐ mit mehreren Straßencafés und Restaurants. Hier befinden sich die wichtigsten Gebäude, allen voran das markante **Rathaus** Ⓑ mit von zwei Seiten zugänglicher Freitreppe über Arkadenbögen im Erdgeschoss. Der ursprüngliche Bau wurde 1417 im gotischen Stil errichtet und Ende des 16. Jhs. im Renaissancestil erweitert. Prunkstück der Rathausfassade ist die 1579/1580 entstandene **Kunstuhr** mit astronomischer und Mondphasenuhr von Isaak Habrecht aus Schaffhausen, der auch die Kunstuhr am Straßburger Münster geschaffen hat.

An der linken Seite des Platzes steht das **Käthchenhaus,** ein gotisches Steinhaus aus dem 14. Jh., das nach Heinrich von Kleists historischem Ritterschauspiel »Käthchen von Heilbronn« benannt wurde. Rechts vom Rathaus erinnert ein Denkmal an den Arzt und Physiker Robert von Mayer (1814–1878), den berühmtesten Sohn der Stadt, der den Ersten Hauptsatz der Thermodynamik entdeckte. Auf dem Marktplatz vor dem Rathaus bieten Bauern und Gärtner dreimal wöchentlich ihre Produkte an.

Karte Seite 51

Schräg gegenüber (jenseits der Kaiserstraße) erhebt sich die ***Kilianskirche** Ⓒ, die ursprünglich ins 13. Jh. zurückreicht; sie wurde 1948–1965 wieder aufgebaut. Der achteckige Westturm, der sich nach oben in Stufen verjüngt, gilt als der erste Renaissanceturm nördlich der Alpen und ist ein Wahrzeichen der Stadt. Die Figur auf der Turmspitze wird von den Heilbronnern liebevoll »Männle« genannt. Das Kircheninnere schmückt vor allem der Hochaltar von Hans Seyfer, ein großartiges Werk der spätgotischen Plastik und Altarkunst, das im Salzbergwerk der Zerstörung entging.

Hinter der Kirche wird am **Kiliansplatz** Ⓓ der **Siebenröhrenbrunnen** von einer Quelle gespeist, die als »Helibrunna« der Stadt einst den Namen gab. Viel eindrucksvoller ist jedoch der 1988 gestaltete **Komödiantenbrunnen** auf der anderen Seite des Platzes mit Wasserspielen und witzigen Figuren.

Südwestlich der Kirchbrunnenstraße bildet der **Deutschhof** Ⓔ eine Oase der Ruhe in der geschäftigen Stadt. Hier befanden sich seit dem 13. Jh. Residenz und Fruchtkammer der Kommende Heilbronn des Deutschen Ordens (Ordensprovinz Franken). Heute

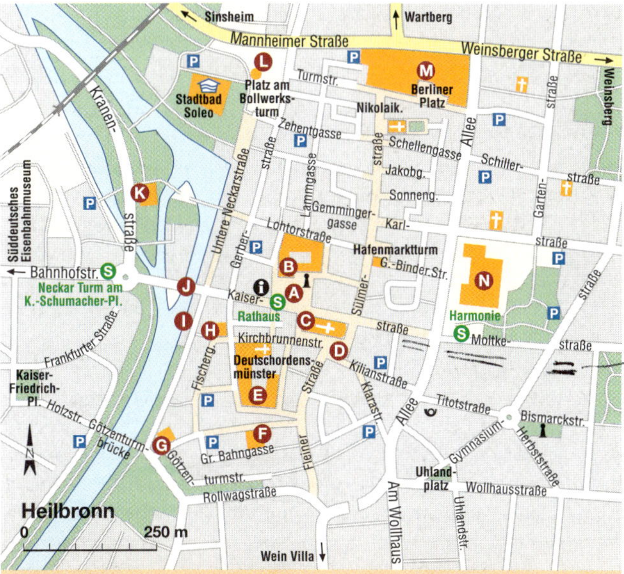


Ⓐ Marktplatz
Ⓑ Rathaus
Ⓒ Kilianskirche
Ⓓ Kiliansplatz
Ⓔ Deutschhof
Ⓕ Stadtgalerie Heilbronn
Ⓖ Götzenturm
Ⓗ Fleisch-, Gerichts- und Hochzeitshaus
Ⓘ Theaterschiff
Ⓙ Friedrich-Ebert-Brücke
Ⓚ experimenta
Ⓛ Bollwerksturm
Ⓜ Stadttheater
Ⓝ Konzert- und Kongresszentrum Harmonie

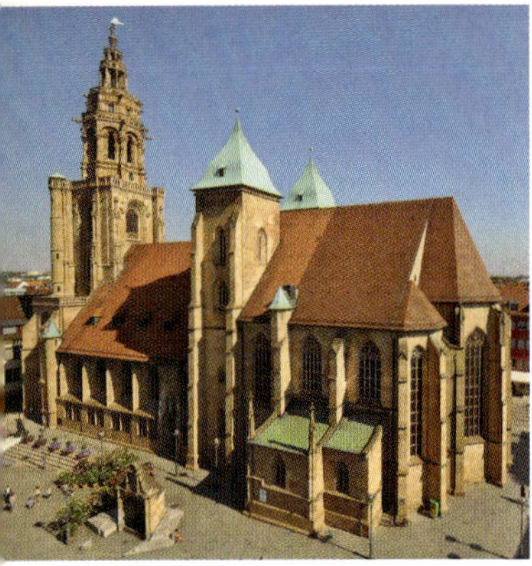
St. Kilian in Heilbronn

werden die weitgehend originalgetreu wieder aufgebauten Gebäude als Kulturzentrum mit Museen, Stadtarchiv und Volkshochschule genutzt. Beherrschendes Bauwerk ist das **Deutschordensmünster St. Peter und Paul** mit schlankem, sechseckigem Turm. Der romanische Unterbau des Kirchturms stammt von der ehemaligen Marienkapelle des Ritterordens (um 1250) und ist wohl das älteste erhaltene Bauwerk der Stadt.

Einen gelungenen städtebaulichen Akzent zum historischen Umfeld setzt die **Stadtgalerie Heilbronn** F, das jüngste Einkaufs- und Erlebniscenter der Stadt › S. 55. Der gerundete, in sich gebogene Baukörper schwingt sich entlang der Deutschhofstraße in die Fischergasse und wird über zwei Geschosse mit einer horizontal gegliederten Glas- und Metallfassade umhüllt. Ganz oben im Center befindet sich in schöner Aussichtslage ein Café.

## Am Neckar

Am Flussufer zeugt der **Götzenturm** G von 1392 von der einst mächtigen Stadtbefestigung. Bei dem imposanten Gebäude mit Arkaden und Türmchen an der Kramstraße handelt es sich um das **Fleisch-, Gerichts- und Hochzeitshaus** H, ein Renaissancebau von 1600, der, wie der Name sagt, mehrere Funktionen erfüllte: Bis 1800 wurde unter den Arkaden Fleisch verkauft, darüber tagte werktags das Gericht, an den Wochenenden wurden Hochzeiten und andere Feste gefeiert. Die **Käthchenskulptur** vor dem Gebäude entstand 1965 und zeigt den Moment, in dem das 15-jährige Käthchen in Kleists Schauspiel das elterliche Haus verlässt, um ihrem Geliebten zu folgen.

Wenige Schritte entfernt hat am Neckarufer unter mächtigen Trauerweiden das **Theaterschiff** I festgemacht, in dem das ganze Jahr über moderne Theaterstücke, Kleinkunst, Konzerte und Kabarettaufführungen geboten werden. Der gläserne Aufbau bietet Platz für 124 Besucher.

## 1 **experimenta

Über die **Friedrich-Ebert-Brücke** J und durch die Kranenstraße am Wilhelmskanal vorbei wird die **experimenta** K erreicht, eine 2009 eröffnete **Erlebniswelt für alle Generationen.** Schon im Außengarten vor dem Komplex wecken interaktive Exponate das Interesse, setzen Kinder mit Hilfe von Rädern, Spiralen und Hebeln Wasserspiele in Gang.

Echt gut

Karte Seite 51

Im Inneren wird der Besucher in vier Themenwelten herausgefordert, seine Fähigkeiten auf unterschiedliche Art zu testen und in Talentschmieden zu erweitern, beispielsweise in der Auto-, Forscher-, Texter-, Kontakt- oder Filmschmiede. Drei Labore und zwei Ateliers ermöglichen technische und naturwissenschaftliche Experimente (Mo–Fr 9–18 Uhr, Sa, So, Fei 10–19 Uhr, www.experimenta-heilbronn.de).

Und damit nicht nur Wissensdurst und Erlebnishunger gestillt werden, sorgt eine originelle Gastronomie für das leibliche Wohl – die tagsüber trendige Selbstbedienungsgaststätte wird abends zum gepflegten **Restaurant Allegro** umdekoriert (Kranenstr. 14, Tel. 0 71 31/9 19 99 03, ●●). Eine neue **Seebühne** auf dem Neckar ist häufig Schauplatz von Konzerten und Aufführungen aller Art.

## Nördliche und östliche Altstadt

Den nordwestlichen Abschluss der Kernstadt bildet der **Bollwerksturm** Ⓛ, in dem 1519 Götz von Berlichingen – damals württembergischer Amtmann in Möckmühl – eine Nacht lang als Gefangener des Schwäbischen Bundes einsaß.

Im **Stadttheater** Ⓜ am Berliner Platz, 1982 als futuristisches Gebäude an der Stelle eines zerstörten Jugendstiltheaters erbaut, befinden sich die Bühnen des Großen Hauses und der Kammerspiele sowie das als Logentheater eingerichtete Komödienhaus. Geschwungene Stege führen über das Becken des amüsanten **Theaterbrunnens**, dessen Bronzerelief in der Mitte u.a. Figuren aus Kleists »Käthchen von Heilbronn« und Shakespeares »Sommernachtstraum« andeutet und zu-

Echt gut!

Auch für Kinder begreifbar wird die Welt der Technik und der kreativen Gestaltung in der experimenta Heilbronn

Winzerhäuschen am Wartberg

sammen mit den wechselnden Wasserspielen die Fantasie der Betrachter anregen soll.

Als Anbau ans **Konzert- und Kongresszentrum Harmonie** N wurde 2010 an der Ecke Allee/Karlstraße die ***Kunsthalle Vogelmann** eröffnet, die Ausstellungen aus den Bereichen Moderne und Klassische Moderne sowie thematische Übersichtsausstellungen bietet (Di–So 11-17 Uhr).

## Süddeutsches Eisenbahnmuseum

Im ehemaligen Rangierbahnhof im Heilbronner Stadtteil Böckingen haben Eisenbahnliebhaber **Dampf- und Diesellokomotiven sowie Wagenmaterial** aus der Zeit von 1895 bis in die 1950er-Jahre gesammelt und fahrtüchtig aufbereitet. Im einstigen Ringlokschuppen aus der Zeit der Königlich Württembergischen Staatseisenbahn und im Freigelände können etwa 20 restaurierte Lokomotiven unterschiedlicher Epochen und Bauarten besichtigt werden. Ständig werden weitere Fahrzeuge aufgearbeitet (Anfahrt vom Vorplatz des Hauptbahnhofs mit der S4 Richtung Karlsruhe bis zur Station Sonnenbrunnen; Tel. 0 71 31/3 90 74 34, www.eisenbahnmuseum-heilbronn.de; März–Ende Okt. Sa, So, Fei 10 bis 18 Uhr).

Echt gut!

## Der Wartberg

Den **schönsten Blick auf Heilbronn** und das Neckarland bis zum Zabergäu genießt man vom Wartberg aus, über dessen Hänge sich großflächig Weinberge ziehen. An dem mit Skulpturen geschmückten **Wein Panorama Weg** mit Weinberghäuschen und einem kleinen Weinmuseum erläutern Tafeln alles zum Thema Wein. Oben befindet sich eine Ausflugsgaststätte und ein Aussichtsturm.

Echt gut!

## Einkaufsparadies Heilbronn

»Heilbronn zieht an« ist das Motto der Stadtinitiative Heilbronn, das die Attraktivität der Einkaufsstadt symbolisieren soll. Tatsächlich besitzt Heilbronn einen ausgewogenen Mix aus noch immer sehr vielen inhabergeführten Fachgeschäften, Filialisten und

Kaufhäusern. Neuester Stern am Shopping-Himmel ist die auch architektonisch interessante **Stadtgalerie Heilbronn** (› S. 52), ein Einkaufszentrum mit rund 75 Fachgeschäften – von den angesagten Modelabels über Beauty und Schmuck bis zu Büchern und Gastronomie. Vor dem Rathaus lockt der bunte Wochenmarkt an jedem Dienstag, Donnerstag und Samstag mit einem reichen Angebot regionaler Produkte.

In der prunkvollen alten Villa (1873) des Zuckerfabrikanten Faißt hat sich die **Wein Villa Heilbronn**, ein Gemeinschaftsunternehmen von 16 namhaften Weingütern und der Genossenschaftskellerei Heilbronn-Erlenbach-Weinsberg, ein stilvolles Domizil für Veranstaltungen und Degustationen geschaffen (Cäcilienstr. 66, Tel. 0 71 31/67 67 12, www.wein-villa.de). Treffpunkt für Weinfreunde von nah und fern ist die Degustationstheke gleich beim Eingang. Hier wird Di–Fr 11.30–22 Uhr und Sa 14 bis 22 Uhr eine wechselnde Auswahl edler Heilbronner Gewächse im Zehntelesglas kredenzt. Da findet man leicht sein flüssiges Souvenir. Im angeschlossenen Restaurant, der **Villa Küche** (Di–Sa 11.30 bis 22 Uhr, ●●–●●●), serviert Küchenmeister Franz-Josef Schnattinger ambitionierte Speisen rund um den Wein sowie ein preiswertes »Mittags-Mahl«.

**Info**

**Tourist-Information Heilbronn**
**Heilbronn Marketing GmbH**
**Kaiserstr. 17**
**74072 Heilbronn**
**Tel. 0 71 31/56-22 70**
**www.heilbronn-tourist.de**

Das 2008 eröffnete Shoppingcenter Stadtgalerie Heilbronn bietet 13 000 m² Verkaufsfläche auf drei Ebenen

Die Wein Villa Heilbronn, kulinarischer Treffpunkt für Weinfreunde

## Hotels

■ **Insel Hotel**

**Willy-Mayer-Brücke**
**74072 Heilbronn ][ Tel. 0 71 31/63 00**
**www.insel-hotel.de**

Wenige Gehminuten vom Zentrum entfernt liegt das Vier-Sterne-Haus zwischen Neckar und Parkanlage. Elegante Zimmer und luxuriöse Suiten für gehobene Ansprüche. Schwimmbad, Sauna und Fitnessraum, Park mit Liegewiese. Angeschlossen ist ein schwäbisches Restaurant mit Weinstube; regionale und internationale Küche. Mediterran gestaltete Terrasse mit Palmen. Eigene Konditorei. ●●–●●●

■ **Design-Hotel Traumraum**

**Bahnhofstr. 31**
**74072 Heilbronn**
**Tel. 0 71 31/5 91 92 40**
**www.hotel-traumraum.de**

Das neue Hotel am Bahnhof (Eröffnung ca. Frühjahr 2011) will seine Gäste mit auf Weltreise nehmen. Die 20 Themenzimmer reichen von Dubai bis Marrakesch, von Bangkok bis Honolulu oder Nairobi. Im Restaurant **Pearls and Diamond** mit Café, Bar & Lounge kann man in stylischer Umgebung speisen und relaxen. ●●–●●●

■ **Ibis-Hotel Heilbronn**

**Bahnhofstr. 5 ][ 74072 Heilbronn**
**Tel. 0 71 31/5 94 40**
**www.ibishotel.com**

Zentrumsnah gelegenes Haus der internationalen Hotelkette Ibis. Komfortabel und zweckmäßig eingerichtete Zimmer. Rezeption und Barservice mit Snacks und Getränken rund um die Uhr besetzt. ●●

■ **Nestor Hotel Heilbronn**

**Jakobgasse 9**
**74072 Heilbronn**
**Tel. 0 71 31/65 60**
**www.nestor-hotels.de**

Ruhige Innenstadtlage beim Theaterhaus. Freundlich-helle Standardzimmer, komfortablere Businesszimmer.
Fr–So sehr günstige Wochenendpreise.
●–●●

**Hotel zur Post**
**Bismarckstr. 5 ][ 74072 Heilbronn**
**Tel. 0 71 31/62 70 40**
**www.hotel-zur-post-heilbronn.com**
Familiengeführtes Hotel garni in ruhiger, dennoch zentraler Lage. Helle, zweckmäßige Zimmer. Für Wander- und Fahrradtouristen übernimmt der Hotelier den Gepäcktransport zum nächsten Hotel. Fahrradgarage und -verleih. ●●

## Restaurants

**Ratskeller der Stadt Heilbronn**
**Am Marktplatz 7 ][ 74072 Heilbronn**
**Tel. 0 71 31/8 46 28**
**www.ratskeller-heilbronn.eu**
Eine der besten und beliebtesten Adressen der Stadt, direkt im historischen Rathaus. Terrasse unter den Arkaden. Seit 15 Jahren verwöhnt Küchenchef Michael Ochmainski die Gäste mit regional-traditioneller sowie leichter mediterraner Küche – vom »Heilbronner Leibgericht« über Wild und Lamm bis zum Meeresteller mit Fischvariationen. So Ruhetag. ●–●●●

**Barfüßer Hausbrauerei**
**Allee 33–35 ][ 74072 Heilbronn**
**Tel. 0 71 31/96 34 41**
**www.barfuesser-brauhaus.de**
Das urige Lokal im Herzen Heilbronns zählt seit Jahren zu den angesagtesten Szenelocations in der Region. Hier kann man hauseigenes Schwarzes, Helles oder Hefeweizen direkt neben kupfernen Braukesseln genießen und bekommt in gemütlichem Ambiente Spezialitäten für den kleinen Hunger serviert. ●

**Höhenrestaurant Café Wartberg**
**Wartberg 1 ][ 74076 Heilbronn**
**Tel. 0 71 31/16 29 13**
**www.restaurant-wartberg.de**
In schönster Aussichtslage über den Rebhängen des Wartbergs gelegen. Das Ausflugsrestaurant und Café ist mit Auto, Bus oder per Pedes nach einer Wanderung durch die Weinlandschaft erreichbar. Eigene Konditorei. ●–●●

**Restaurant-Café Trappensee**
**Jägerhausstr. 159**
**74076 Heilbronn**
**Tel. 0 71 31/17 18 43**
**www.trappensee.de**
Am östlichen Stadtrand von Heilbronn idyllisch am kleinen See vor den Weinbergen gelegen. Große Terrasse mitten im Grünen. Mittags und abends warme Küche, nachmittags Eis- und Kuchenspezialitäten. Mo Ruhetag. ●–●●

**Food Court Biergarten**
**Badstr. 100 ][ 74072 Heilbronn**
**Tel. 0 71 31/62 91 80**
**www.food-court.de**
In der »Biergartenhauptstadt Baden-Württembergs« wurde das Food Court als erste Freilichtgastronomie nach den Harmonieregeln des Feng Shui gestaltet. In dem riesigen Biergarten kann man sich selbst an verschiedenen Ständen seine dort frisch zubereiteten Speisen zusammenstellen. Barrierefrei, für Rollstuhlfahrer geeignet. ●

**Sperber Lounge**
**Gottlieb-Daimler-Str. 9**
**74076 Heilbronn**
**Tel. 0 71 31/7 45 86 81**
**www.sperber-lounge.de**
In Kaiser's Turm, dem höchsten Gebäude der Stadt mit toller Aussicht auf Heilbronn, liegt dieses angesagte Restaurant mit Cocktail-Bar und Zigarren-Lounge. Im mehrfach ausgezeichneten Sperber Grill kommen internationale Fleischspezialitäten auf den Tisch. So und Mo Ruhetag. ●●

Echt gut!

## Die interessantesten Museen

■ Die architektonisch außergewöhnliche **Kunsthalle Vogelmann** in Heilbronn präsentiert Werke der Sammlung Beuys und der Klassischen Moderne › S. 54.

■ Dampf- und Diesellokomotiven sowie Wagenmaterial aus der Zeit von 1895 bis in die 1950er-Jahre sind im **Eisenbahnmuseum Heilbronn** zu bewundern › S. 54.

■ Das Abenteuer Technik wird im **Auto & Technik Museum Sinsheim** spannend präsentiert – Autos, Sportwagen und Flugzeuge bis zur Concorde und zum Jumbo Jet › S. 59.

■ Wie die alten Rittersleut' im Mittelalter lebten, bringt die Ausstellung »Leben auf der Ritterburg« im **Burgmuseum Guttenberg** den Besuchern nahe › S. 69.

■ Die **Kunstmuseen Würth** in Schwäbisch Hall und Künzelsau zeigen in wechselnden Ausstellungen Malerei und Plastik der Klassischen Moderne und der Gegenwart › S. 90 und 103.

■ Im **Hohenloher Freilandmuseum Wackershofen** wird das dörfliche Leben der vergangenen Jahrhunderte lebendig › S. 92.

■ Über 60 außergewöhnliche Oldtimer aus der mobilen Geschichte Europas lassen die Herzen der Autofans im **Deutschen Automobilmuseum Langenburg** höher schlagen › S. 100.

■ Das **Glasmuseum** in Wertheim zeigt Exponate vom Luxusglas der Antike über Flakons und Trinkgläser bis zum Christbaumschmuck und Industrieglas › S. 131.

## Nightlife

**Barococo Nightclub**
**Querschulgasse 1**
**74072 Heilbronn**
**Tel. 0 71 31/67 70 50**
**www.barococo-nightclub.de**
Hier steppt der Bär bei Afterwork Party, Ladies Night oder Saturday Night Fever. Das gut gemischte, mit Partyklassikern bestückte Musikprogramm kommt auch bei Gästen jenseits der 20 gut an. Geöffnet Mi ab 18 Uhr, Fr und Sa ab 21.30 Uhr. ●–●●

# Ausflüge ab Heilbronn

### Mosbach im Odenwald 2

Nur wenige Kilometer nördlich von Heilbronn beginnt der Neckardurchbruch durch den Odenwald. An ihm entlang führt ein lohnender Ausflug in die 30 km entfernte Stadt **Mosbach**, deren historischer Kern durch ungewöhnlich prächtige Fachwerkhäuser entzückt.

Als einer der schönsten Fachwerkbauten Deutschlands gilt das **Palm'sche Haus** von 1610 am Marktplatz mit großartigem Renaissancefachwerk, das auch den bis zum Dach reichenden Erker schmückt. Gegenüber erhebt sich das ebenfalls imposante, 1558/59 im Stil der Renaissance erbaute **Rathaus** mit Staffelgiebel und wuchtigem Turm, der einen schönen Blick über die Stadt bietet. Die spätgotische **Stiftskirche St. Juliana** am Marktplatz wurde im 14. Jh. erbaut und ist seit 1708 Si-

Karte
Seite 46

Idylle pur: ein Schiffsausflug auf dem Neckar bei Sonnenschein

multankirche, von einer Mauer in den katholischen Chor und das evangelische Kirchenschiff geteilt.

## Auto & Technik Museum Sinsheim 3

Für Technikbegeisterte lohnt sich ein Ausflug über die Autobahn A 6 zum 30 km entfernten Auto & Technik Museum Sinsheim, das schon von Weitem durch zwei Originalflugzeuge auf den Dächern sichtbar ist: eine Concorde der Air-France und eine russische Tupolev TU-144. Beide sowie weitere Flugzeuge sind begehbar. Darüber hinaus werden in mehreren Hallen Oldtimer, Formel-1-Fahrzeuge, Motorräder, Nutzfahrzeuge, Lokomotiven, mechanische Musikinstrumente und Sportwagen spannend präsentiert (tgl. 9–18 Uhr, Sa, So, Fei bis 19 Uhr, www.technik-museum.de).

## Schiffsausflüge

Die Neckarlandschaft lässt sich am schönsten von der Flussperspektive aus erleben. Darum sollte ein **Ausflug mit den Schiffen der weißen Flotte** nicht fehlen. Von Ostern bis Ende Oktober betreibt die Personenschifffahrt Stumpf ab Heilbronn einen fahrplanmäßigen Linienverkehr. Flussabwärts geht es nach Bad Wimpfen (› S. 71) und nach knapp zweistündiger Pause weiter durch den dramatischen Neckardurchbruch bis Neckarzimmern und zurück, flussaufwärts über Lauffen (› S. 73) bis Besigheim-Hessigheim. Man kann an jeder beliebigen Station aussteigen und mit dem Retourboot zurückfahren. Zusätzlich gibt es zweistündige Rundfahrten in Heilbronn. Das Angebot variiert, je nach Jahreszeit.

Echt gut!

**Info**

**Personenschifffahrt Stumpf**
**An der Friedrich-Ebert-Brücke**
**74072 Heilbronn**
**Tel. 0 71 31/8 54 30**
**www.schifftours-heilbronn.de**

Special

# Die Weinlandschaften der Region

Vielfältig sind die Landschaften an Neckar, Kocher, Jagst und Tauber, im Unterland und im Kraichgau, und nicht weniger vielfältig präsentieren sich auch die Weinbaugebiete der Region Heilbronn-Franken. Da die Anzahl der Winzer und der Weinfeste in die Hunderte geht, sollte man sich aktuell bei den einzelnen Anbaugebieten informieren.

Das **Unterland** am Neckar rund um Heilbronn mit den Weingemeinden am Stromberg-Heuchelberg in der hügeligen Landschaft des Zabergäus gilt als eine der größten Rotweinregionen Deutschlands. Neben dem herb-frischen Trollinger haben sich gehaltvolle Sorten wie Samtrot, Lemberger, Spätburgunder oder Dornfelder Spitzenplätze erobert. Aber auch Weiße wie der spritzige Riesling, der aromatische Gewürztraminer und der gehaltvolle Grauburgunder sind begehrt (www.heilbronner-land.de, www.neckar-zaber-tourismus.de).

In **Hohenlohe** wachsen die Reben an den Steilhängen von Kocher, Jagst und einigen Seitentälern sowie rund um Öhringen und Obersulm. Während bei den Weißweinen Riesling, Müller-Thurgau und Silvaner dominieren, stehen bei den Roten Trollinger, Schwarzriesling, Lemberger und Spätburgunder hoch in der Gunst der Weinfreunde (www.hohenlohe.de).

Das **Taubertal** ist kurioserweise in drei Weinbaugebiete eingeteilt. Tauberfranken im Norden gehört zum Anbaugebiet Baden –

und nur hier dürfen die Weine in Bocksbeutel abgefüllt werden. Weiter südlich folgt das Anbaugebiet Württemberg, und am Oberlauf lappt noch ein Stück Bayerisch-Franken hinein. Auf den Muschelkalkböden gedeihen ausgezeichnete Weißweine, v.a. Müller-Thurgau und Silvaner. Aber auch Rotweine werden verstärkt angebaut, u.a. auch wieder die alte Rebsorte Tauberschwarz (www.liebliches-taubertal.de).

Schauen Sie mal vorbei:

■ **Wein Villa Heilbronn**

**Cäcilienstr. 66 ][ 74072 Heilbronn**
**Tel. 0 71 31/67 67 12**
**www.wein-villa.de**

In einer wunderschönen klassizistischen Fabrikantenvilla haben renommierte private Heilbronner Weingärtner und die Genossenschaft ein Zentrum für Weinkultur eingerichtet. Hier stehen rund 100 heimische Weine und Sekte zur Degustation bereit. Und im Restaurant kann man gehoben stilvoll oder preiswert deftig schlemmen.
Di–Sa ab 11.30 Uhr

■ **Weingut Heinrich**

**Kümmelstr. 2**
**74182 Obersulm-Sülzbach**
**Tel. 0 71 34/1 74 69**
**www.weingut-heinrich.com**

Familienbetrieb mit 250 Jahren Weinbautradition im Weinsberger Tal. Weinstube und Weingarten. In der Ferienwohnung kann man Urlaub beim Winzer machen.

■ **Weingut Benz**

**Im Walterstal 1**
**97922 Lauda-Königshofen**
**Ortsteil Beckstein**
**Tel. 0 93 43/45 23**
**www.weingut-benz.de**

Hubert Benz baut 17 Rebsorten an; als Besonderheit auch Tauberschwarz, eine alte Rebsorte der Region. 50 Prozent der Weine kommen in den Bocksbeutel. Weinproben, geführte Weinberg-Walking-Tour.

## Wein-Wanderwege

■ **WWW – Württembergischer Wein-Wanderweg**

Der vom Schwäbischen Albverein mit einer roten Traube ausgezeichnete Fernwanderweg führt in vielen Abschnitten durch die Region Heilbronn-Franken. An der Route liegen Weikersheim im Taubertal, hohenlohische Residenzstädte, Heilbronn und die Anbaugebiete von Stromberg und Heuchelberg (www.schwaebischer-albverein.de).

■ **Wein-Panoramaweg Heilbronn**

Der 6 km durch die Weinberglandschaft Wartberg verlaufende Panoramaweg Heilbronn informiert an 24 Stationen über 1000 Jahre Weinbaugeschichte in der Region. Und da Wein und Kunst gut zusammenpassen, schmücken Skulpturen die Strecke (www.heilbronn-tourist.de).

■ **Natur- und Weinlehrpfad** im **Zweifelberg**

Ausgangspunkt ist der Waldparkplatz beim Ortsteil Brackenheim-Neippberg. Der nur 2 km lange Lehrpfad zu Natur und Wein führt entlang alter Trockenmauern und bietet herrliche Panoramablicke auf das Zabergäu. Schautafeln informieren über Wein, Flora und Fauna (www.kraichgau-stromberg.com).

## Wo der Besen winkt

Wenn zwischen Neckar, Tauber und Main, Zaber, Kocher und Jagst irgendwo ein Reisigbesen aushängt, verheißt das etwas Gutes: Dann haben die Winzer ihren »Besa« – in Tauberfranken auch »Heckenwirtschaft« genannt – geöffnet. In den Besenwirtschaften dürfen die Weinbaubetriebe auch ohne spezielle Konzession ihren guten Tropfen aus eigenem Anbau ausschenken. Als solide Grundlage wird Deftiges serviert. In den Besenwirtschaften ist es bei weinseliger Stimmung grundsätzlich rappelvoll. Da die Öffnungszeiten jedes Jahr variieren, empfiehlt es sich, vorher anzurufen (Informationen in den »Besenkalendern« der Touristikgemeinschaften).

Über die vielen Wein- und Hoffeste, die in den Weinbaugemeinden der Region stattfinden, informieren – jeweils mit aktuellen Terminen – die einzelnen Touristikgemeinschaften › S. 141, Infos von A–Z.

## Die größten Weinfeste

Im September ist das **Heilbronner Weindorf,** »Deutschlands gemütlichstes Weindorf«, Treffpunkt für Weinfreunde von nah und fern. Zehn Tage lang wird volles Programm geboten; man probiert Spitzenweine aus dem Heilbronner Land und delektiert sich an kulinarischen Genüssen.

Beim **Hohenloher Weindorf Öhringen** präsentieren das Fürstliche Weingut, Genossenschaften und Selbstvermarkter Anfang Juli drei Tage lang Weine und Sekte am Marktplatz und im Schlosshof.

Am zweiten Wochenende im Juni bietet das **Weinfest Alt-Lauda** im Taubertal drei Tage lang Weinverkostung mit Unterhaltungsprogramm.

Karte Seite 46

# Unterwegs im Heilbronner Land

## Weinsberg 4

Die um 1200 von den Staufern gegründete Stadt (11 600 Einwohner) ist vor allem durch ein Ereignis in die Geschichte eingegangen: die mutige Tat der treuen Weiber von Weinsberg (› Exkurs unten). An sie erinnert das **Weibertreumuseum** im Rathaus, in dem über 60 Exponate dieses Geschehen auf der Burg Weinsberg dokumentieren. Weitere Darstellungen zeigen Stadt und Burg im Lauf der Jahrhunderte (Di, Do, Sa 14–17 Uhr). Eine bronzene Plastik vor dem Museum stellt eindrucksvoll den Zug der Frauen von der Burg dar.

Im **Kernerhaus** wohnte der Arzt und Dichter Justinus Kerner (1786–1862) 43 Jahre lang und scharte einen Kreis herausragender Persönlichkeiten seiner Zeit um sich, darunter zahlreiche Literaten › Exkurs S. 36. Es wurde zu einer Art Pilgerstätte der schwäbischen Romantik. Im Obergeschoss spiegeln die original ausgestatteten Wohnräume der Familie Kerner die Wohnatmosphäre des 19. Jhs. wider. Verstärkt wird der Charme des Dichterhauses durch den Geisterturm im Kernergarten. Das Alexanderhäuschen jenseits der Straße diente als Herberge für Kerners Gäste (Di–So 14–17 Uhr, Tel. 0 71 34/25 53).

Die **Burg Weibertreu** wurde im 10. Jh. gegründet und war im 11. Jh. nach Überlieferungen Wohnsitz von Kaiser Konrads II. Mutter Adelheid, der Stammmutter des salischen Kaiserhauses. 1140 war die Burg Schauplatz eines erbitterten Kampfes zwischen Welfen und Staufern um die deutsche Kaiserkrone. 1525 wurde die Burg im Bauernkrieg zerstört, ab 1823 durch Bemühungen von Justinus Kerner vor weiterem Verfall bewahrt. Nach dem gut 600 m langen **Aufstieg zur Ruine Weibertreu** kann man die erhaltenen Reste, den achteckigen Turm, Ringmauer, Bergfried und Funda-

Echt gut!

### Die treuen Weiber von Weinsberg

Als Stauferkönig Konrad III. um 1140 die Burg Weinsberg belagerte, gab es kein Entkommen für die eingeschlossen Welfen. Kein Mann sollte überleben, beschloss der siegreiche König. Er gewährte den Frauen und Kindern aber, die Burg zu verlassen und so viel Hab und Gut mitzunehmen, wie sie auf dem Rücken tragen konnten. Und was taten die guten Gattinnen? Sie schulterten nicht Tand und Geschmeide, sondern ihre Männer und schleppten sie durch das Tor. Der König trug den »listigen Anschlag der Weiber« mit Fassung und stand zu seinem Wort. Diese Geschichte brachte der Burg den Namen Weibertreu ein.

mente bewundern und genießt einen eindruckvollen Blick auf das Neckarland.

**Info**

**Tourist Information**
**Marktplatz 11**
**74189 Weinsberg**
**Tel. 0 71 34/5 12-1 06**
**www.weinsberg.de**

**Hotel**

**Hotel und Gutsgaststätte Rappenhof**
**Rappenhofweg 1**
**74189 Weinsberg**
**www.rappenhof.de**
Inmitten von Wiesen und Pferdekoppeln gelegenes freundliches Haus mit gemütlich-eleganten Zimmern und Blick auf die Burgruine Weibertreu. Im Restaurant mit Wintergarten und großer Sonnenterrasse kommt beste schwäbische Küche auf den Tisch – von Maultaschen und Spätzle bis Hasenrücken und Zick de Hohenlohe. ●●

## Ausflug zum Breitenauer See

Echt gut!

Mit 38 ha größter See der Region, bietet der Breitenauer See bei Obersulm **vielseitigen Freizeitspaß** wie Baden, Segeln, Surfen, Rudern, Paddeln – oder einfach nur Faulenzen auf den großen Liegewiesen. Über die Natur in diesem Landschaftsschutzgebiet informiert ein unterhaltsamer Fisch-, Wald- und Weinlehrpfad. Direkt am See liegt ein ausgedehnter Campingplatz mit Spiel- und Sportanlagen, Badestrand und Bootsverleih (www.breitenauer-see.de).

## Neckarsulm 5

Die ursprünglich fränkische Gründung entwickelte sich ab Ende des 19. Jhs. zur Industriestadt, woran vor allem NSU und danach Audi (› Exkurs S. 29) ihren Anteil hatten.

Darauf geht auch eine bedeutende Sehenswürdigkeit der Stadt zurück, das **Deutsche Zweirad- und NSU-Museum** im in den 1950er-Jahren wieder aufgebauten Deutschordensschloss aus dem 16. Jh. Über 400 Ausstellungsstücke zeigen die Entwicklung des Fahrrads von der Drais'schen Laufmaschine über Hochräder bis zu den ersten Niedersicherheitsfahrrädern sowie den Beginn der Motorisierung. Das integrierte NSU-Museum dokumentiert mit ausgewählten Exponaten die Geschichte eines der weltweit erfolgreichsten Fahrrad- und Motorradproduzenten (tgl. außer Mo 9–17, Do bis 19 Uhr, www.zweirad-museum.de).

Badevergnügen der besonderen Art bietet das **Erlebnisbad AQUAtoll** mit tropischer Badelandschaft unter gläserner Kuppel, Außenbereich mit Wildwasserfluss und Black-Hole-Rutsche sowie ausgedehnter Saunalandschaft (Wilfenseeweg 70, www.aquatoll.de, tgl. 10–22 Uhr).

**Für Autofans bietet das Audi Forum eine faszinierende Erlebniswelt.** In einer architektonisch anspruchsvollen und repräsenta-

Ein Besuchermagnet: das Audi Forum in Neckarsulm

tiven ovalen Aluminium-Glas-Konstruktion westlich der Kernstadt am Christian-Schmidt-Platz werden zum einen die aktuellen Modelle präsentiert und die Neuwagen abgeholt. Spannend für alle Besucher aber sind die verschiedenen Erlebnisführungen durch die Wiege der Premium-Fahrzeuge. Hier kann man die Geburt eines Audi hautnah erleben – von den tonnenschweren Pressen, dem hochautomatisierten Karosseriebau über die Montage bis zur Fertigstellung. Auch Kinderführungen werden angeboten.

Darüber hinaus hat sich das Audi Forum als attraktive Kulturstätte etabliert, in der hochkarätige Künstler aus Klassik, Jazz oder Pop gastieren.

**Info**

■ **Stadtmarketing**
**Marktstr. 18**
**74172 Neckarsulm**
**Tel. 0 71 32/35-4 26**
**www.neckarsulm.de**

■ **Audi Welcome Service**
**Tel. 08 00/2 83 44 68 ][ www.audi.de**
Erlebnisführungen durch die Produktion Mo–Fr nach Vereinbarung, Führungen durch das Audi Forum Mo–Sa 10, 11 und 13 Uhr.

## Bad Friedrichshall 6

Unter der aus mehreren Teilorten zusammengeschlossen Industriestadt Bad Friedrichshall (18 800 Einwohner) erstrecken sich mächtige Salzlager, die seit über hundert Jahren bergbaumäßig abgebaut werden. Das langjährig viel frequentierte Besucherbergwerk 200 m unter Tage wird gegenwärtig neu gestaltet und ist bis Mai 2012 geschlossen. Als Stadt auf dem Salz verfügt Bad Friedrichshall natürlich über ein Solefreibad

Das Rathaus von Möckmühl

mit Wellenbecken. Und für Radler ist die Stadt ein wichtiger Knotenpunkt von Neckartal-Radweg, Kocher-Jagst-Radweg und Salz-Sole-Radweg.

**Info**

**Stadtverwaltung**
**Rathausplatz 1**
**74177 Bad Friedrichshall**
**Tel. 0 71 36/83 2-0**
**www.bad-friedrichshall.de**
**www.salzwerke.de**

## Möckmühl 7

Hoch über Möckmühl (8100 Einwohner) erhebt sich auf dem Schlossberg die Burg mit mächtigem Bergfried, in der vor 500 Jahren Götz von Berlichingen als Amtmann des Herzogs von Württemberg seinen Dienstsitz hatte. Die heutigen Schlossgebäude sind allerdings erst etwa 100 Jahre alt und in Privatbesitz, doch der mittelalterliche, von markanter Mauer umgebenen Stadtkern sieht heute noch so aus, wie Merian ihn 1643 gezeichnet hat. Die Stadtmauer ist außen mit einem durchgehenden Bogenfries geschmückt. Besonders malerisch ist das über 400 Jahre alte Fachwerk-Rathaus, das von vielen weiteren Fachwerkhäusern umgeben ist.

**Info**

**Stadtverwaltung**
**Hauptstr. 23**
**74219 Möckmühl**
**Te. 0 62 98/2 02-0**
**www.moeckmuehl.de**

**Hotel**

**Kleine Radlerherberge**
**Kirchplatz 3 ][ 73219 Möckmühl**
**Tel. 0 62 98/92 76 33**
**www.kleine-radlerherberge.de**
Originelles Hotel in historischem Küferhaus in der Altstadt. Geschmackvolle, hochwertig modern eingerichtete Komfort-Zimmer. Elektronisches Selbst-Eincheck-System. **Tolles Preis-Leistungs-Verhältnis.** ●

### Schloss Assumstadt

Das malerisch gelegene Rokokoschloss wurde 1769 im Auftrag der österreichischen Kaiserin Maria Theresia erbaut. Heute befindet es sich im Besitz des Grafen Hubertus von Waldburg-Wolfegg. Man kann die Räumlichkeiten (Saal, Gewölbekeller, Festscheune und Schlosspark) für Hochzeiten und Events mieten; im Hofladen werden köstliche Konfitüren, Gelees und Sirupe angeboten (Assumstadt 1, 74219 Möckmühl, Tel. 0 62 98/42 48, www.assumstadt.com).

Karte Seite 46

## 2 *Jagsthausen 8

Mit 1600 Einwohnern gehört Jagsthausen zu den kleinsten Kommunen im Landkreis Heilbronn, ist aber dank der Burgfestspiele in der ***Götzenburg** ein besonderer Besuchermagnet. Die mittelalterliche Burg wurde gegen Ende des 14. Jhs. von den Herren von Berlichingen erworben; um 1480 wurde Götz von Berlichingen hier geboren. Die von einem Graben umgebene Anlage verfügt noch über beträchtliche Bausubstanz aus dem 15. und 16. Jh., darunter der Palas mit Rittersaal, das Frauenhaus mit Kemenate, der Bergfried sowie ein Dienstbotenbau mit großen Ecktürmen. Ein Park mit romantischer Ruinenarchitektur des 19. Jhs. umgibt die Burg. Im **Schlossmuseum** in einem der Ecktürme wird neben Waffen und römischen Altertümern auch **die eiserne Hand des Götz von Berlichingen** gezeigt (April–Okt. tgl. 13.30–16 Uhr, Sa, So, Fei auch 10–11.30 Uhr).

Mit den 1950 gegründeten ***Burgfestspielen Jagsthausen** wurde die Götzenburg zur Bühne der Weltliteratur. Am Originalschauplatz **im Innenhof der Burg wird Jahr für Jahr Goethes Götz lebendig.** Das Traditionsstück ist in dieser authentischen Umgebung ein ganz besonderes Erlebnis. Die Festspiele präsentieren neben dem klassischen Schauspiel auch Musik- und Kindertheater (Ticket-Hotline 0 79 43/91 23 45, http://burgfestspiele-jagsthausen.de).

### Info

**Bürgermeisteramt**
**Hauptstr. 3 ][ 74249 Jagsthausen**
**Tel. 0 79 43/91 01-0**
**www.jagsthausen.de**

### Hotel/Restaurant

**Die Götzenburg**
**Schlossstr. 20 ][ 74249 Jagsthausen**
**Tel. 0 79 43/94 36-0**
**www.goetzenburg.de**
Im historischen Gemäuer schlummert man mit modernem Komfort zwischen antiken Möbeln. Zur Festspielzeit rechtzeitig buchen! Gemütliches Restaurant (●●) mit regionaler und internationaler Küche. ●●–●●●

## Gundelsheim 9

Mächtig erhebt sich in Gundelsheim (7200 Einwohner) **Schloss Horneck** über dem Neckar, nach dem Heidelberger Schloss das zweitgrößte an diesem Fluss. Hier residierten vom 12. bis 15. Jh. die Deutschmeister, die jedoch nach der teilweisen Zerstörung des Schlosses im Bauernkrieg 1525 ihren Sitz nach Bad Mergentheim verlegten. 1724 wurde das Schloss im Renaissancestil wieder aufgebaut und später als wuchtiger Kastenbau umgestaltet, in dessen Mitte ein mächtiger Bergfried aufragt. Das in hellem Gelb leuchtende Schloss gehört heute der Landsmannschaft der Siebenbürger Sachsen, die hier ein Alten- und Pflegeheim betreiben, und liegt an der Burgenstraße.

Die mittelalterliche **Altstadt** mit gepflasterten Gassen, romantischen Winkeln und Fachwerkhäusern vermittelt eine gemütliche Kleinstadtatmosphäre.

Wenige Kilometer nördlich tauchen an der höchsten Stelle eines ausgedehnten Weinbergs Echt gut! **die Türme und Mauern von Burg Hornberg** auf. Götz von Berlichingen verbrachte hier viele Jahre seines Lebens bis zu seinem Tod 1562, weshalb Hornberg zumeist »Götzenburg« genannt wird. Im unteren Teil der weitläufigen Anlage befinden sich Wirtschaftsgebäude sowie ein renommiertes Hotel und Restaurant mit eindrucksvoller Aussichtsterrasse. Die eigentliche Götzenburg, seit der Zerstörung durch die Franzosen 1688 Ruine, liegt an der höchsten Stelle der Anlage. Sie kann besichtigt werden. Interessant ist vor allem das umfangreiche Museum zum Thema Götz (tgl. 9–17 Uhr).

## Info

**Tourist-Information**
**Tiefenbacher Str. 16**
**74831 Gundelsheim**
**Tel. 0 62 69/96 19**
**www.gundelsheim.de**

## Hotels/Restaurants

- **Hotel-Restaurant Burg Hornberg**
**Tel. 0 62 61/50 01**
**www.burg-hotel-hornberg.de**
Gepflegtes Speisen im Panorama-Restaurant mit großartigem Blick über das Neckartal, Wandmalereien mit rustikalen Turnierszenen. Großzügige Café-Aussichtsterrasse und Bewirtung im rustikalen Burghof unter alten Kastanien. Hier kann man in altem Gemäuer fürstlich schlummern. ●●●

- **Hotel-Restaurant Zum Lamm**
**Schlossstr. 25 ][ Tel. 0 62 69/4 20 20**
**www.lamm-gundelsheim.de**

Beim Mittelalterfest auf Burg Guttenberg herrscht gute Stimmung

Karte Seite 46

Im mächtigen Fachwerkbau herrscht gewichtig Fritz Schmid – hochdekorierter Küchenmeister, Hotelier, Poet und leidenschaftlicher Oldtimersammler mit eigenem Museum. Der Chef zaubert schwäbische und internationale Spezialitäten auf den Tisch – von Maultaschen bis Entenbrüstchen oder Wild aus heimischer Jagd (Küche ●●–●●●). Im Hotel schlummert man edelländlich unter Original-Stuck- oder Balkendecken. ●●

## 3 *Burg Guttenberg 10

Jenseits des Neckars erhebt sich Burg Guttenberg, die in der Stauferzeit um 1200 zur Sicherung der Kaiserpfalz Wimpfen erbaut wurde und seit mehr als 550 Jahren von den Freiherren von Gemmingen – inzwischen in der 17. Generation – bewohnt wird. Als eine der wenigen Stauferburgen blieb sie samt Schildmauer und Bergfried unzerstört erhalten und wurde im Lauf der Zeit in ein wohnliches Schloss umgewandelt. Im ***Burgmuseum**, durch das der Schlossherr manchmal persönlich führt, erleben die Besucher eine **Zeitreise durch die Jahrhunderte** und erfahren beispielsweise, wie der Alltag auf einer Burg aussah, wie ein Mann zum Ritter wurde und welche Rolle die Frauen in der mittelalterlichen Gesellschaft spielten. Eine Besonderheit des Museums ist die kostbare ***Holzbibliothek** mit vielen Dutzend Bänden, in denen kleine Kästchen alle botanischen Merkmale der jeweiligen Holzart vom Samen über Wurzeln und Zweige bis zu den Früchten enthalten (April bis Okt tgl. 10–18, März und Nov. Sa, So 12–17 Uhr).

In den Zwingeranlagen der Burg hat die ***Deutsche Greifenwarte** ihren Sitz. Aus nächster Nähe können mehr als 100 Greifvögel beobachtet werden. Weithin bekannt sind die täglichen Vorführungen mit den spektakulären Flügen vieler Adlerarten und Geier über den Zinnen der Stauferburg oder direkt über den Köpfen der Zuschauer. Die Greifenwarte ist gleichzeitig Zucht- und Forschungsstation für die Erhaltung und Auswilderung bedrohter Arten. Schautafeln und Ausstellungen informieren über heimische Greifvögel, Auswilderungserfolge und darüber hinaus über 10 000 Jahre Adlerkult in fremden Kulturen (Rundgänge April–Okt. tgl. 9–18 Uhr, März und Nov. 12 bis 17 Uhr, Flugvorführungen April–Okt tgl. 11 und 15 Uhr, März und Nov. tgl. 15 Uhr).

**Info**

**Burg Guttenberg**
**74855 Haßmersheim-Neckarmühlbach ][ Tel. 0 62 66/2 28**
**www.burg-guttenberg.de**
**www.greifenwarte.de**

**Restaurant**

**Burgschenke**
**(Tel. wie Burg)**
Beim eindrucksvollen Blick über das Neckartal reichen Ritter und Burgfräulein in historischen Gewändern den Gästen Speis und Trank. Zu bestimm-

Echt gut!

## Beliebte Freizeitbäder und Badeseen

- Der **Breitenauer See** bei Löwenstein ist das größte Gewässer der Region mit vielerlei Wassersportmöglichkeiten › S. 64.
- Das Freizeitbad **AQUAtoll** in Neckarsulm lockt mit tropischer Badelandschaft unter gläserner Kuppel, einem Außenbereich mit Wildwasserfluss und einer Black-Hole-Rutsche › S. 64.
- Das Sole- und Saunaparadies **RappSoDie** in Bad Rappenau bietet gesunden Badespaß in salzhaltigem Wasser › S. 70.
- Am **Badesee Ehmetsklinge** bei Zaberfeld, einem Stausee zur Hochwasserregulierung, erholt man sich in ruhiger, idyllischer Waldlandschaft › S. 77.
- Im Hallenbad **Tollkün** in Künzelsau macht die 100 m lange und 10 m hohe Riesenrutschbahn besonders viel Spaß › S. 104.
- Das **Solebad** in Bad Niedernhall verfügt über mehrere Innen- und Außenbecken sowohl für Therapie als auch für Wellness mit Unterwasser-Massagedüsen, Nackenduschen und Sprudlern › S. 105.
- An den **Münsterseen** bei Creglingen wurde neben dem Badesee ein Wasserspielplatz für die Kleinen und ein Barfußpfad eingerichtet › S. 136.
- Im Bade- und Wellnesspark **Solymar** in Bad Mergentheim kann man sich im Wellenbad in die Fluten stürzen, die Black-Hole-Wasserrutsche mit Licht- und Soundeffekten testen und von zwei Türmen ins Sportbecken springen › S. 122.

ten Terminen und für Gruppen werden unterhaltsame Rittermahle, Ritterspiele und mittelalterliches Varieté mit Gauklern, Narren und Musikanten veranstaltet. ●–●●

## Bad Rappenau 11

Rund um ein Salzsiedewerk, das von 1823 bis 1973 in Betrieb war, entwickelte sich das Heilbad Bad Rappenau (20 600 Einwohner), in dem in mehreren Kliniken und Kureinrichtungen Behandlungen mit der örtlichen Starksole durchgeführt werden. An die alte Saline erinnern noch mehrere kulturhistorisch und architektonisch interessante Gebäude. Mit ihren gepflegten Parks und Anlagen präsentiert sich Bad Rappenau als blühende Stadt im Grünen. Besonders attraktiv ist das Bad Rappenauer **Sole- und Saunaparadies RappSoDie** mit Solebecken in der Halle und im Freien, Saunalandschaft, Salzgrotte und großem Wellness-Angebot (Salinenstr. 37, Tel. 0 72 64/2 06 93 30, www.rappsodie.info; Solehallenbad tgl. 8–12 Uhr, So, Fei bis 20 Uhr). Im Salinenpark kann man an einem Gradierwerk gesunde salzhaltige Luft einatmen und sich im Fitness-Gerätepark ein paar Bewegungseinheiten verschaffen.

Echt gut

### Info

**Gäste-Information**
**Salinenstr. 37**
**74906 Bad Rappenau**
**Tel. 0 72 64/86-21 26**
**www.bad-rappenau.de**

Karte Seite 46

**Restaurant**

**Kurcafé im Salinengarten**
**Salinenstr. 5 ][ 74906 Bad Rappenau**
**Tel. 0 72 64/96 05 00**
**www.kurcafe-badrappenau.de**
Von Blumen und Bäumen umgebenes Lokal mit Wiener Kaffeehauscharme und großer Terrasse. Spezialitäten: Palatschinken, Strudel, Kaiserschmarrn. ●

## 4 **Bad Wimpfen 12

Die alte Kaiserpfalz Bad Wimpfen (6800 Einwohner) zählt zu den touristischen Höhepunkten an diesem Teil des Neckars. Schon die Stadtsilhouette hoch über dem Fluss – wo Türme, Dächer und Mauern über den Hangwald hinausragen – ist einzigartig. Hier gründeten die Staufer im 12. Jh. eine **Kaiserpfalz**, die größte nördlich der Alpen. Solche Stützpunkte waren im mittelalterlichen Reich nötig, das keine Hauptstadt kannte. Könige und Kaiser zogen von Pfalz zu Pfalz, um Präsenz zu zeigen und Recht zu sprechen. Vom Palas blieb eine Fensterfront mit romanischen Rundbögen über kleinen Säulen erhalten. Begrenzt wurde die Pfalz vom Roten Turm, der bei Stadtführungen besichtigt werden kann, und vom markanten ***Blauen Turm, dem Wahrzeichen der Stadt.** Hier wohnt in luftiger Höhe Deutschlands einzige Türmerin mit ihrer Familie (Turmbesteigung April bis Okt. tgl. 10–18 Uhr).

Markant prägt auch die doppeltürmige ***Stadtkirche** den wichtigsten Teil der Stadtsilhouette. Der hochgotische Chor stammt von 1290, das von einem mächtigen Satteldach überwölbte spätgotische dreischiffige Langhaus entstand um 1500. Aus der insgesamt schönen Innenausstattung ragt der gotische Flügelaltar mit lebensnahen Figuren besonders hervor.

Bad Wimpfen über dem Neckar

Kein Wunder, dass sich die handliche mittelalterliche Stadt mit ihren engen Gassen und kleinen Plätzen, mit prächtigen und verspielten Fachwerkhäusern zu einem Besuchermagneten entwickelt hat. Ein besonders schönes **Fachwerkensemble** aus dem

Der Talmarkt von Bad Wimpfen

16. Jh. mit mittelalterlichem Badehaus befindet sich im Bereich Schaf- und Klostergasse. Im mächtigen Steinhaus, wahrscheinlich die ehemalige Kemenate der staufischen Pfalz mit spätgotischem Staffelgiebel, hat das **Historische Museum** sein Domizil. Schwerpunkt ist die Geschichte der Stauferpfalz (1. April–5. Okt. Di–So 10–12 und 14–16.30 Uhr).

Echt gut!

Jeden Sonntag um 14 Uhr führen ab Rathaus **Damen in historischen Gewändern** unter dem Motto »Wo einst Kaiser und Könige Hof hielten« durch den mittelalterlichen Stadtkern. Eine Anmeldung ist nicht erforderlich. Darüberhinaus gibt es zahlreiche Themenführungen.

Nach der Abfahrt ins Tal lohnt die ****Ritterstiftskirche St. Peter** einen Besuch. Sie gehörte zu einem seit dem 10. Jh. existierenden Stift einflussreicher adeliger Chorherren. Von der Stiftskirche aus dem 11. Jh. blieb die romanische Westfassade erhalten. Der ab 1269 entstandene Neubau, eine dreischiffige Basilika mit Seitentürmen und frühgotischem Chor, lässt Verbindungen zum Straßburger Münster erkennen. Mit ihrem Nebeneinander von romanischem Westwerk und hochgotischem Chor sowie reichem plastischem Schmuck zählt die Ritterstiftskirche zu den herausragenden sakralen Bauwerken in Baden-Württemberg. Als Privileg des damaligen Ritterstifts wurde 965 der **Wimpfener Talmarkt** gegründet, heute das größte Volksfest der Region, das immer fünf Tage um das erste Juliwochenende herum stattfindet.

Karte Seite 46

Im Tal liegt auch das kleine Kurviertel mit dem modernen Solebad.

**Info**

**Tourist-Information**
**Carl-Ulrich-Str. 1**
**7426 Bad Wimpfen**
**Tel. 0 70 63/97 20-0**
**www.bad-wimpfen.de**

**Restaurant**

**Restaurant Friedrich/ Weinstube Feyerabend**
**Hauptstr. 74 ][ 74206 Bad Wimpfen**
**Tel. 0 70 63/2 45 oder 95 05 66**
**www.friedrich-feyerabend.de**
Im historischen Fachwerkhaus liegt die rustikal eingerichtete Weinstube (kleine Karte mit herzhaften Gerichten, ●) gleich neben dem Restaurant. In elegantem Ambiente wird dort gehobene Küche serviert, bekannt sind besonders die Fischspezialitäten. ●●–●●●

## Lauffen am Neckar 13

Den schönsten Blick auf Lauffen am Neckar (10 800 Einwohner) hat man von der Rathausburg auf einer Neckarinsel, wo heute der Bürgermeister residiert. Von hier zeigt sich vor allem die der Ortsheiligen geweihte Regiswindiskirche aus dem 11. Jh. von ihrer besten Seite. Ihre Altstadt nennen die Lauffener liebevoll Städtle, und dort beeindrucken historische Gebäude wie das 1651 erbaute Erkerhaus, das Alte Heilbronner Tor in der Stadtmauer, die Alte Kelter mit ihrem Gewölbekeller, die Martinskirche sowie die Alte Neckarbrücke von 1532. Geprägt wird die Stadt seit Jahrhunderten vom Weinbau. Sie ist vor allem für ihre Katzenbeißer-Weine be-

Lauffen am Neckar

kannt, besonders für den Schwarzriesling (Pinot Meunier), der nur noch in der Champagne häufiger angebaut wird als in Lauffen.

Als Sohn des Klostergutverwalters wurde am 20. März 1770 **Johann Christian Friedrich Hölderlin** in Lauffen geboren und verbrachte die ersten vier Jahre seines Lebens im Klosterhof, dem heutigen **Städtischen Museum**. Das Hölderlinzimmer erinnert an diesen bedeutenden deutschen Dichter (Sa, So 14–17 Uhr).

Das Gebiet um Lauffen wurde schon von den Römern besiedelt, wovon die 1978 ausgegrabene **Villa Rustica** zeugt, ein ehemaliger römischer Gutshof etwas außerhalb der Stadt (Ilsfelder Str.).

### Info

**Bürgerbüro**
**Bahnhofstr. 54 ][ 74348 Lauffen a. N.**
**Tel. 0 71 33/20 77-0**
**www.lauffen.de**

### Restaurant

**Alte Weinstube Sonne**
**Heilbronner Str. 5**
**74348 Lauffen a. N.**
**Tel. 0 71 33/90 07 40**
**www.sonne-in-lauffen.de**
Im denkmalgeschützten Fachwerkbau kommen saisonale und regionale Spezialitäten auf den Tisch, z. B. Schwäbischer Wurstsalat oder in Lemberger (Rotwein) geschmorte Kalbsbäckle. Große Auswahl Lauffener Weine. ●●

## Brackenheim 14

Die Stadtteile von Brackenheim (15 300 Einwohner) – Botenheim, Dürrenzimmern, Haberschlacht, Hausen an der Zaber, Meimsheim, Neipperg und Stockheim – genießen bei Weinkennern einen ausgezeichnete Ruf. Sie machen die Stadt mit einer Gesamtrebfläche von 825 ha zur größten Weinbaugemeinde Württembergs und zur größten Rotweingemein-

Inmitten von Weinbergen gelegen: die Ruine Neipperg bei Brackenheim

de Deutschlands. Seit 1200 Jahren ist der Weinbau nachgewiesen. Mehrere Wein- und Naturerlebnispfade erläutern die verschiedenen Reblagen und ihre Gewächse. Würdige Fachwerkhäuser prägen die Straßen und Gassen der Kernstadt rund um das Rokoko-Rathaus von 1724. Das dreiflügelige **Renaissance-Stadtschloss** im Süden der Altstadt (heute Behördensitz) diente zeitweilig als württembergischer Witwensitz. Sehenswert ist auch die gotische Stadtkirche **St. Jakobus**.

In unmittelbarer Nachbarschaft des nicht mehr existierenden Geburtshauses hat die Stadt ihrem großen Sohn Theodor Heuss (1884–1963) eine würdige Gedenkstätte geschaffen. Das **Theodor-Heuss-Museum** informiert mit Bild- und Tondokumenten über den ersten deutschen Bundespräsidenten und zeigt auf drei Stockwerken Heuss mit allen Facetten seiner vielfältigen Begabungen als Politiker und Staatsmann, Journalist und Literat sowie als Zeichner und Dichter (Obertorstraße 27, Tel. 0 71 35/ 93 02 94, www.theodor-heuss-museum.de; Do 14–17, Sa, So, Fei 11–17 Uhr).

Die gräfliche **Burg Neipperg** mit Resten mittelalterlicher Türme ist heute ein Weingut.

**Info**

**Stadt Brackenheim**
**Marktplatz 1**
**74336 Brackenheim**
**Tel. 0 71 35/1 05-0**
**www.brackenheim.de**

Das Theodor-Heuss-Museum in Brackenheim

**Hotel/Restaurant**

**Gasthaus-Hotel Adler**
**Hindenburgstr. 4**
**74336 Brackenheim-Botenheim**
**Tel. 0 71 35/98 11-0**
**www.adlerbotenheim.de**
Gepflegtes Traditionshaus, 15 individuell gestaltete, modern ausgestattete Zimmer. Holzgetäfelte Gaststube und charmantes Gartenlokal; regionale und internationale Küche (Di Ruhetag). ●●

## 5 Erlebnispark Tripsdrill 15

Etwas außerhalb von Cleebronn wurde 1929 nach der Sage von einer Mühle, in der Frauen wieder jung gemahlen wurden, die »Altweibermühle« erbaut, Deutschlands erster Erlebnispark. Heute warten **über 100 originelle Attraktionen** auf Freunde volkstümlicher Vergnügungen, etwa die weithin sichtbare Holzachter-

Echt gut!

bahn, eine Spritztour für Seefahrer, eine Wildwasser-Schussfahrt, eine Badewannenfahrt zum Jungbrunnen, Waschzuber-Rafting und viele weitere Kinder- und Familienattraktionen (März–Nov. tgl. 9–18 Uhr).

**!** Seit Neuestem kann man in urigen, vollständig ausgestatteten Schäferwagen nächtigen. Baumhäuser sind in Planung.

10 Gehminuten entfernt vom Erlebnispark liegt das **Wildparadies Tripsdrill** mit Wald-Erlebnispfad, Barfuß-Pfad, Abenteuerspielplatz und 130 tierischen Bewohnern, darunter Greifvögel, Luchse und Braunbären, die sich mit arktischen Wölfen ein Gehege teilen (März–Nov. tgl. 9–18 Uhr, im Winter nur an Wochenenden, Feier- und Ferientagen). Tierfütterung tgl. außer Fr. 14.30 Uhr, Greifvogel-Flugvorführungen 15.30 Uhr, in der Hochsaison zusätzlich um 11.30 Uhr.

In der Nähe erhebt sich inmitten von Weinbergen der von einer Kapelle gekrönte **Michaelsberg**, auf dem auch ein Jugend- und Tagungshaus steht.

### Info

**Erlebnispark Tripsdrill**
**47389 Cleebronn**
**Tel. 0 71 35/99 99**
**www.tripsdrill.de**

### Gastronomie

Zum Freizeitpark gehört ein umfangreiches gastronomisches Angebot im **Gasthaus zur Altweibermühle**, im zünftigen **Vespergarten** und im lauschigen **Biergarten**. ●–●●

## Güglingen 16

Kunstfreunde, die ahnungslos durch Güglingen (6100 Einwohner) fahren, reiben sich bald ungläubig die Augen: den kleinen, rundum sanierten Winzerort im idyllischen Tal der Zaber schmücken rund 50 moderne, hochkarätige Skulpturen von namhaften Künstlern wie Horst Antes, Jürgen Goertz oder Lude Döring. Die rührige Bürgerstiftung »Kunst für Güglingen« hat da Erstaunliches auf die Beine gestellt.

Im **Römermuseum** direkt an der Hauptstraße wird deutlich, dass das Neckarland jahrhundertelang ein dicht besiedeltes römisches Gebiet war. Güglingen war eine zivile ländliche Siedlung und ein bedeutender Handelsplatz. Etwas außerhalb des Ortes wurden zwei Mithrasheiligtümer mit ungewöhnlich gut erhaltener Innenausstattung gefunden und teilweise rekonstruiert (frei zugänglich). Im Museum bieten mehrere begehbare Installationen eine Zeitreise in die römische Ära. Gezeigt werden zahlreiche Funde aus dem Alltagsleben der Römer, ihrer Götterverehrung sowie über den Mithraskult (Mi–Fr 14–18 Uhr, Sa, So, Fei 10–18 Uhr, Marktstr. 18, Tel. 0 71 35/9 36 11 23, www.roemermuseum-gueglingen.de).

### Info

**Stadt Güglingen**
**Marktstr. 19–21**
**74363 Güglingen**
**Tel. 0 71 35/1 08-0**
**www.gueglingen.de**

Bronze-Skulptur vor dem Rathaus Güglingen: »Einigkeit macht stark – Persil bleibt Persil« von Guido Messer

**Hotel/Restaurant**

**Hotel & Restaurant Herzogskelter**
**Deutscher Hof 1**
**74363 Güglingen**
**Tel. 0 71 35/9 30 61-0**
**www.herzogskelter.de**
Schlemmen und Schlummern in der historischen Kelter: Hier lässt es sich gepflegt speisen und unbeschwert die Weine des Zabergäus probieren. Große Terrasse zum Deutschen Hof. ●●

## Zaberfeld 17

Unterhalb der Zaberquelle im Naturpark Stromberg-Heuchelberg haben sich mehrere Dörfer – Michelbach, Leonbronn und Ochsenburg – zur Gemeinde Zaberfeld (3900 Einwohner) zusammengeschlossen. Malerisch liegen einige Seen in der umgebenden Landschaft. Im Sommer ist die für den Hochwasserschutz angelegte **Ehmetsklinge** ein **beliebter See zum Baden und Bootfahren** (Bootsverleih). Zu kleinen Wanderungen oder Spaziergängen im Naturpark laden der 6 km lange **Seenrundweg** Ehmetsklinge-Katzenbachsee sowie ein Wein- und ein Waldlehrpfad ein.

Echt gut!

**Info**

**Gemeindeverwaltung Zaberfeld**
**Schlossberg 5 ][ 74374 Zaberfeld**
**Tel. 0 70 46/96 26-0**
**www.zaberfeld.de**

# Eppingen 18

Fachwerk auf Schritt und Tritt – in Eppingen (21 300 Einwohner) steht ein historisches Gebäude neben dem anderen. Als schönstes und bedeutendstes Bürgerhaus zwischen Schwarzwald und Odenwald gilt das **Baumann'sche Haus** (Kirchgasse 31) von 1582, an dem der Formenreichtum der Steinarchitektur der Renaissance in den Holzbau übertragen wurde. Gegenüber ist das Bäckerhaus von 1412 das älteste bisher bekannte Fachwerkhaus im Kraichgau. Mit einer Giebelbreite von 12 m und einer Höhe von 22,5 m ist die **Alte Universität** das größte und höchste Fachwerkgebäude in Eppingen. Es stammt aus dem Jahr 1495 und diente in den Pestzeiten 1564/1565 der Heidelberger Universität als Zuflucht. Heute befindet sich das **Stadt- und Fachwerkmuseum** darin, das die Entwicklung des Fachwerkbaus dokumentiert (Fleischgasse 2, Tel. 0 72 62/9 20-11 16, Mi–So 14–15 Uhr). In der Altstadtstraße beeindrucken u.a. das Bäckerhaus, die Ratsschänke und das Specht'sche Haus, in der Kirchgasse das Schwebgiebelhaus und in der Kettengasse das Ackerbürgerhaus – alle aus dem 15. oder 16. Jh. **Der Fachwerklehrpfad zwischen Altstadt und Bahnhof** zeigt Funktionen und technische Feinheiten des Fachwerkbaus. Aus Stein ist dagegen das älteste Baudenkmal der Stadt, der Eppinger **Pfeifferturm** vom Beginn des 13. Jhs., als Eppingen nach der Erhebung zur Reichsstadt mit einer Stadtmauer befestigt wurde.

Echt gu

**Info**

**Stadtverwaltung**
**Marktplatz 1 ][ 75031 Eppingen**
**Tel. 0 72 62/9 20-0**
**www.eppingen.de**

Eppingen, die Stadt der Fachwerkhäuser

Karte Seite 46

**Hotel**

**Altstadthotel Wilde Rose**
**Kirchgasse 29–31 ][ 75031 Eppingen**
**Tel. 0 72 62/9 14 00**
**www.altstadthotel-wilde-rose.de**
Mitten in der historischen Altstadt und doch sehr ruhig gelegenes Hotel mit schönem Innenhof. Es besteht eine direkte Verbindung zum Baumann'schen Haus, dem prächtigsten Fachwerkbau der Stadt. ●●

**Restaurant**

**Wirtskeller St. Georg**
**Im Baumann'schen Haus**
**Kirchgasse 31**
**Tel. 0 72 62/20 77 33**
**www.wirtskeller-sankt-georg.de**
Im 700 Jahre alten Gewölbekeller mit offener Küche kommt sowohl saisonal-regionale als auch italienische Kost auf den Tisch. Eine Spezialität ist beispielsweise Kraichgau-Lamm mit Bärlauchpesto. ●●

## Schwaigern 19

Die hübsche Kleinstadt mit 11 100 Einwohnern liegt inmitten der ausgedehnten Weinberge des Zabergäus. Seit 750 Jahren wird hier Wein angebaut, wobei der Lemberger eine dominierende Rolle spielt. Er soll im 17. Jh. von den Grafen von Neipperg eingeführt worden sein. Das ab 1720 anstelle einer älteren Burg erbaute **Rokokoschloss** ist heute Sitz des gräflichen Weinguts. Den Stadtkern beherrscht die **evangelische Kirche** mit dem Barbara-Altar von Jörg Ratgeb, einem Meisterwerk der süddeutschen Frührenaissance.

Gegenüber dem wuchtigen **Jugendstilrathaus** aus dem Jahr 1906 befindet sich der renovierte Fachwerkbau der einstigen Kelter von 1659.

In einem fast urwaldartig bewachsenen Gelände außerhalb der Stadt können im **Leintalzoo** zahlreiche Affenarten, darunter eine besonders große Anzahl an Schimpansen bewundert werden. Außerdem leben in begehbaren Volièren Papageien und viele andere exotische Vogelarten. Im Streichelzoo lassen sich Ziegen, Mulis und Kaninchen füttern, in Teichen und Tümpeln leben heimische Amphibienarten (tgl. 10 bis 18, im Winter bis 16 Uhr. www.leintalzoo.info).

**Info**

**Stadt Schwaigern**
**Marktstr. 2**
**74193 Schwaigern**
**Tel. 0 71 38/2 10**
**www.schwaigern.de**

**Hotel/Restaurant**

**Zum alten Rentamt**
**Schlossstr. 6–8**
**74193 Schwaigern**
**Tel. 0 71 38/52 58**
**www.altesrentamt.de**
Denkmalgeschütztes Fachwerkhaus **mit viel Charme und persönlicher Atmosphäre.** Im Restaurant mit historischem Ambiente kommen hervorragende regionale und mediterran inspirierte Speisen sowie Weine der Grafen zu Neippberg auf den Tisch. Mit viel Liebe zum Detail, teils mit Antiquitäten der gräflichen Familie eingerichtete Gästezimmer. ●●–●●●

Echt gut!

Special

# Das Radlerland

Die Landschaften an Neckar, Kocher, Jagst und Tauber sind ideal für erlebnisreiche, familienfreundliche Radtouren. Neben unzähligen lokalen ausgeschilderten Strecken laden etliche Fernradwege zu mehrtägigen Touren ein, die auf eigene Faust unternommen oder pauschal mit Unterkünften und Gepäcktransport gebucht werden können.

## Heilbronner Land und Kraichgau-Stromberg

Der 350 km lange **Neckartal-Radweg** von der Quelle im Schwarzwald bis nach Heidelberg führt auf der Strecke über Lauffen › S. 73, Heilbronn › S. 50, Neckarsulm › S. 64 und Bad Wimpfen › S. 71 auch durch das Gebiet Heilbronn-Franken (www.neckarradweg.de). Der Neckartal-Radweg lässt sich mit dem Tourengebiet Kraichgau-Stromberg verbinden.

Auf den literarischen Radwegen **Per Pedal zur Poesie** begegnet man den Spuren von Hölderlin, Heuss, Mörike, Kerner u.a. Die Flyer mit Routenvorschlägen des Deutschen Literaturarchivs Marbach führen etwa nach Lauffen am Neckar, Brackenheim, Cleversulzbach und Weinsberg (www.literaturland-bw.de).

Unter dem Motto **Tour de Wein** wurde eine Auswahl der schönsten Radtouren durch die Weinregionen Heilbronner Land, Kraichgau-Stromberg und Hohenlohe zusammengestellt. Einkehrmöglichkeiten und Besenwirtschaften sind auf den Karten der Broschüre »Tour de Wein« vermerkt (www.heilbronnerland.de, www.kraichgau-stromberg.de, www.hohenlohe.de).

## Der Kocher-Jagst-Radweg

Nur wenige Kilometer voneinander entfernt schwingen sich die Flüsse Kocher und Jagst in großem Bogen vom Rand der Ostalb durch die Hohenloher Ebene zum Neckar. Diesen beiden Flüssen folgt der Kocher-Jagst-Radweg auf 330 km. Zu den Höhepunkten an der Jagst zählen Ellwangen, Kirchberg › S. 98, Schloss Langenburg › S. 99 und das Land des Götz von Berlichingen mit Kloster Schöntal › S. 108 und Burg Jagsthausen › S. 67. Auch am Parallelfluss Kocher begleiten Burgen, Schlösser und malerische Städte die Strecke – allen voran die Salzsiederstadt Schwäbisch Hall › S. 89. Für die gesamte Strecke sind sechs bis sieben Tage erforderlich. Die Route kann ganz oder in Etappen auch mit Unterkunft und Gepäcktransport gebucht werden (Hohenlohe + Schwäbisch Hall Tourismus e.V., Tel. 07 91/7 55-74 44, www.radfahren-hohenlohe.de).

## Radweg Liebliches Taubertal

Seit über 30 Jahren erfreut sich der Radweg-Klassiker Liebliches Taubertal großer Beliebtheit. Abseits der Autostraßen führt die rund 100 km lange Strecke von Rothenburg ob der Tauber in drei Tagen bis zur Mündung des Flusses bei Wertheim in den Main. Fast ohne nennenswerte Steigungen geht es meist auf geteerten Wirtschaftswegen durch das Taubertal. Damit ist der Klassiker ein idealer Langstrecken-Radweg für die ganze Familie und weniger trainierte Radler. Unterwegs gibt es viel zu sehen: die Romantikstadt Rothenburg › S. 137, das prächtige Schloss Weikersheim › S. 134, Bad Mergentheim › S. 119 mit seinem Deutschordensschloss, Tauberbischofsheim › S. 123 und im stillen Tal Kloster Bronnbach › S. 128. Wertheim › S. 130, wo die Tauber in den Main fließt, bildet den würdigen Abschluss dieser Strecke.

Eine **sportliche Version** des Radwegs Liebliches Taubertal mit hügeligen und einigen steilen Strecken führt 150 km über die Höhenzüge des Baulandes und Tauberfrankens.

Radpauschalen bietet die Touristikgemeinschaft Liebliches Taubertal, Tel. 0 93 41/82 58 06, www.liebliches-taubertal.de.

## Die Verbindungswege

Mit mehreren Verbindungswegen von Kocher und Jagst zur Tauber wurden den Radlern drei der schönsten Flusstäler Süddeutschlands erschlossen. Die kürzeste der Querspangen führt von Dörzbach über Stuppach nach Bad Mergentheim, eine andere schwingt sich auf dem sogenannten Residenzenweg von Langenburg über Niederstetten nach Weikersheim.

## Naturpark Schwäbisch-Fränkischer Wald

Wer stille Landschaften und wenig befahrene Strecken liebt, findet in den Waldgebieten des Naturparks Schwäbisch-Fränkischer Wald viele Möglichkeiten. Ungefähr parallel zur Idyllischen Straße verläuft der gleichnamige, etwa 130 km lange Radrundkurs durch Wälder und liebliche Täler, vorbei an Mühlen und verträumten Badeseen. Eine dreitägige Radwanderung ohne Gepäck kann gebucht werden bei Hohenlohe + Schwäbisch Hall Tourismus e.V., Tel. 07 91/7 55-74 44, www.radfahren-hohenlohe.de.

## Bett & Bike

Der Allgemeine Deutsche Fahrrad-Club (ADFC) informiert auf seiner Homepage über radlerfreundliche Unterkünfte und Gasthöfe. Das erleichtert den Radlern die Suche nach einem passenden Quartier. Zu den Qualitätskriterien des ADFC zählen u.a. abschließbare Fahrrad- und Trockenräume sowie Werkzeug für kleine Reparaturen (www.bettundbike.de).

**Buch-Tipp** Im Spezialverlag **bikeline** sind für den Neckartal-Radweg sowie die Gebiete Kocher-Jagst und Taubertal Tourenbücher – ausgestattet mit detaillierten Streckenbeschreibungen und Einzelkarten – erschienen (www.esterbauer.com).

# Hohenlohe

## Nicht verpassen!

- Im Hohenloher Freilandmuseum Wackershofen eine vergangene bäuerliche Welt erleben
- Den riesigen romanischen Radleuchter auf der Comburg bei Schwäbisch Hall bestaunen
- Im Automobilmuseum Langenburg glänzende Oldtimer beim fürstlichen Schloss bewundern
- Im Kloster Schöntal in barocker Pracht einem Konzert in der Klosterkirche lauschen

Karte
Seite 86



## Zur Orientierung

Zwischen den Höhenzügen des Schwäbischen Waldes und der Frankenhöhe erstreckt sich großflächig die Hohenloher Ebene, die von den Anhöhen rundum wie flaches Feld-, Wald- und Wiesenland ohne spektakuläre Höhepunkte wirkt. Doch dieser Eindruck täuscht gewaltig. Denn, aus der Ferne kaum sichtbar, schlängeln sich die beiden Flüsse Kocher und Jagst fast parallel von der Schwäbischen Alb in großem Bogen zum Neckar hinab und bilden tief eingeschnittene, enge und schlingenreiche Täler. Und dort an den Flüssen verstecken sich ein gutes Dutzend kleinere und einige größere Städte mit mittelalterlichen Ortskernen, verwinkelten Gassen und Fachwerkgebäuden, häufig überragt von alten Burgen oder Ruinen. Mehrfach sind in markanten Lagen auf Bergnasen oder Umlaufbergen auch trutzige Festungen entstanden. Aus etlichen Mühlen, die einst an den Flüssen und Bächen klapperten, sind heute Ausflugslokale oder Feriendomizile geworden. Wo zum Neckar hin das Klima wärmer wird, ziehen sich Weinberge die steilen Süd- und Osthänge hinauf, prägen Winzerhöfe und Weingüter die schmucken Dörfer und Städtchen.

Deutschlands höchste Autobahnbrücke überspannt bei Braunsbach das enge Kochertal

Auch diese Landschaften haben Spektakuläres zu bieten: prachtvolle Schlösser aus der Zeit, als die Fürsten des in viele Linien aufgeteilten Hauses Hohenlohe sich gegenseitig mit immer glanzvolleren Residenzen übertrumpfen wollten, dazu kleinere Adelssitze und – als Gegengewicht zu den feudalen Herrensitzen – die Freie Reichsstadt Schwäbisch Hall, die durch Salz und Sole zu Wohlstand gekommen war. Wo weltlicher Prunk das Bild bestimmte, wollte die Geistlichkeit nicht nachstehen. Davon zeugen allerorts würdige Gotteshäuser und einige Klöster mit pompös ausgestatteten Klosterkirchen.

Karte Seite 86

Das Alte Schloss von Gaildorf, ein Fachwerkbau der Renaissance

# Touren in der Region

## Vom Kocher über die Hohenloher Ebene zur Jagst

8 Schwäbisch Hall › Comburg › Gaildorf › Vellberg › Crailsheim › Kirchberg/Jagst › Langenburg › Braunsbach › Schwäbisch Hall

**Länge:** 2 Tage; 120 km
**Praktische Hinweise:** Um die oft überraschenden Gegensätze in dieser Landschaft zwischen den schlingenreichen Tälern und der manchmal eintönig wirkenden Hohenloher Ebene richtig genießen zu können, ist es trotz der kurzen Gesamtstrecke empfehlenswert, zwei Tage für diese Tour mit dem Pkw einzuplanen.

Nach der ausgiebigen Besichtigung von ***Schwäbisch Hall › S. 89 verlassen wir die mittelalterliche Stadt Richtung **Comburg › S. 94 und erreichen gleich darauf im Stadtteil Steinbach diese mächtige Kirchenburg, die unbedingt sehenswert ist. Durch Michelbach an der Bilz mit dem Renaissanceschloss – heute ein Gymnasium – geht es im Kochertal nach **Gaildorf** › S. 95, einst Residenz und Grablege der Schenken von Limpurg. Ein langer Anstieg führt durch die Limpurger Berge auf die Hohenloher Ebene zur reizenden kleinen Festungsstadt ***Vellberg** › S. 95 hoch über dem Bühlertal, die Künstler jeden Sommer mit Objekten unterschiedlichster Art in eine Open-Air-Galerie verwandeln.

Nach der Übernachtung folgt am nächsten Tag die Fahrt durch kleine Dörfer über die Hohenloher Ebene, die hier weitläufig und flach ihrem Namen alle Ehre macht. Nun geht es hinab nach **Crailsheim** › S. 97 an der Jagst. Weil im engen und kurvenreichen Jagsttal hier nur Rad- und Wirtschaftswege verlaufen, muss bis **Kirchberg/Jagst** › S. 98 wieder die Straße auf der Hochebene gewählt werden, ebenso wie die nächste Strecke nach ***Langenburg** › S. 99 mit dem berühmten Schloss hoch über einer Jagstschleife. Unten im Tal liegt malerisch Bächlingen, und wenn Sie

8 **Vom Kocher über die Hohenloher Ebene zur Jagst** Schwäbisch Hall › Comburg › Gaildorf › Vellberg › Crailsheim › Kirchberg/Jagst › Langenburg › Braunsbach › Schwäbisch Hall

Karte Seite 86

von dort einige Kilometer die Jagst entlang flussabwärts fahren, passieren Sie ein besonders idyllisches Stück Jagsttal und kommen bei Unterregenbach sogar zu einer alten, gedeckten Holzbrücke. Nun folgt von Bächlingen aus wieder ein Übergang zum Kochertal, das bei **Braunsbach** › S. 102 von Deutschlands höchster Autobahnbrücke an der A 6 überspannt wird. Den Kocher entlang geht es zurück nach Schwäbisch Hall.

9 **Hohenloher Schlösser- und Burgentour** **Waldenburg › Kupferzell › Künzelsau › Ingelfingen › Niedernhall › Dörzbach › Krautheim › Schöntal/Jagst › Jagsthausen › Forchtenberg › Öhringen › Neuenstein**

## Hohenloher Schlösser- und Burgentour

**9 Waldenburg › Kupferzell › Künzelsau › Ingelfingen › Niedernhall › Dörzbach › Krautheim › Schöntal/Jagst › Jagsthausen › Forchtenberg › Öhringen › Neuenstein**

**Länge:** 2 Tage; 120 km
**Praktische Hinweise:** Auch auf dieser Strecke sollte man sich viel Muße gönnen. Weinfreunde kommen bei einem Abstecher nach Ingelfingen und Niedernhall auf ihre Kosten; in Niedernhall kann man sehr gut auch eine Entspannungspause im Solebad einlegen. Verkehrsmittel: Pkw.

Die Tour beginnt in **Waldenburg** › S. 102 (Ausfahrt 41 an der A 6) und damit auch gleich mit ihrem ersten Höhepunkt – im wahrsten Sinne des Wortes. Denn Burg und Stadt liegen 180 m über der Hohenloher Ebene und bieten einen weiten Blick über das scheinbar flache Land. Nach der Abfahrt führt der Weg unten über die B 19 vorbei an Kupferzell nach **Künzelsau** › S. 102. Vor der Fahrt ins Kochertal hinunter kommt man an den ausgedehnten Werksanlagen der Weltfirma Würth vorbei, in denen sich auch das ****Museum Würth** › S. 91/103 mit wechselnden Ausstellungen meist zeitgenössischer Kunst befindet.

Von Künzelsau aus lohnt sich ein kleiner Abstecher den Kocher entlang zu den Weinorten **Ingelfingen** › S. 104, wo ein Weinbaumuseum in einem gigantischen Fass untergebracht ist, und **Niedernhall** › S. 105, wo der junge Götz von Berlichingen zur Schule ging.

Weiter geht es, zunächst zurück nach Künzelsau, dann über die Ebene zwischen Kocher und Jagst, nach **Dörzbach** › S. 107. Nun sind wir im Land des Götz von Berlichingen: In **Krautheim an der Jagst** › S. 107 soll er seinen berühmten Satz ausgerufen haben, im ****Kloster Schöntal** › S. 108 fand er die letzte Ruhestätte. Vielleicht wird in der Klosterkirche gerade ein Konzert geboten; auf jeden Fall ist Schöntal ein guter Ort, um zu übernachten. Talabwärts folgt am nächsten Morgen ***Jagsthausen** im Heilbronner Land › S. 67, wo Götz von Berlichingen geboren wurde. Jeden Sommer ziehen die Burgfestspiele Besucher aus vielen Ländern an. Nur 4 km liegen an dieser Stelle Jagst und Kocher voneinander entfernt, und im Kochertal folgt mit **Forchtenberg** › S. 110 wieder eines der vielen malerischen Kleinstädtchen der Region mit Stadtmauer und Burgruine. Auch die Große Kreisstadt **Öhringen** › S. 111 hat sich ein geschlossenes mittelalterliches Stadtbild erhalten. In ****Neuenstein** › S. 113 am Fuß der Waldenburger Berge mit seinem prächtigen Schloss endet diese Tour. Gourmets könnten dann im nahen **Schlosshotel Friedrichsruhe** › S. 112 bei Öhringen noch ein kulinarisches Glanzlicht und eine fürstliche Nacht genießen.

# Unterwegs in Hohenlohe

## ***Schwäbisch Hall 1

Mit seinem nahezu unveränderten mittelalterlichen Stadtbild gilt Schwäbisch Hall (36 800 Einwohner) als eine der schönsten historischen Altstädte Süddeutschlands (Abbildung › S. 83).

Eindrucksvoll ziehen sich die schmucken Fachwerkhäuser die Hänge beiderseits des Kochers hinauf, überragt von Türmen und einem mächtigen Giebelgebäude, dem sogenannten Neubau. Stein- und überdachte Holzbrücken führen über den Kocher, wo auf dem Grasbödele, einer kleinen Insel im Fluss, alljährlich zu Pfingsten die Salzsieder das historische **Kuchen- und Brunnenfest** feiern. Denn das Salz war die Quelle des Wohlstands, zu der es die Freie Reichsstadt einst gebracht hat – sogar eine eigene Münze durfte sie ab dem 12. Jh. prägen, den Heller.

Das Herz der Stadt schlägt am **Marktplatz**, an dem eine mächtige ***Freitreppe** zur 1156 geweihten romanisch-gotischen ***St. Michaelskirche** hinaufführt, dem Wahrzeichen der Stadt.

Diese berühmte Treppe ist Schauplatz der 1925 erstmals aufgeführten **Freilichtspiele Schwäbisch Hall,** die jährlich bis zu 70 000 Besucher anziehen (www.freilichtspiele-hall.de). Nach Jahrzehnten mit »Jedermann« und klassischem Theater werden nun auch Stücke moderner Autoren und Musicals gespielt.

Fachwerk-, Renaissance- und Barockgebäude umgeben den Marktplatz, an dem das barocke **Rathaus** einen starken Kontrapunkt zur Michaelskirche bildet. In alle Richtungen führen enge, von Fachwerkhäusern gesäumte Gassen und Treppen vom Markt-

Der hl. Michael besiegt den Drachen: Darstellung an der Michaelskirche in Schwäbisch Hall

Echt gut!

## Die faszinierendsten Freilichtspiele

- Allein schon das Ambiente der **Freilichtspiele Schwäbisch Hall** lohnt den Besuch: die mächtige Freitreppe der Michaelskirche als Bühne, der mittelalterliche Marktplatz als Zuschauerraum. Aufgeführt werden Theaterstücke und Musicals › S. 89.
- Authentischer geht's nicht: wo Götz von Berlichingen geboren wurde, gehen die **Burgfestspiele Jagsthausen** im stimmungsvollen Burghof mit Goethes »Götz« und weiteren, stets wechselnden Stücken über die Bühne › S. 67.
- Bei den Künzelsauer **Burgfestspielen Schloss Stetten** bringen engagierte Laiendarsteller im Burggraben der historischen Stauferburg Ernstes und Heiteres zur Aufführung. **Tel. 0 79 40/12 51 69 www.burgfestspiele-schloss-stetten.de**
- Neben einer historischen Lindenanlage bildet das Renaissanceschloss die romantische Kulisse für die **Freilichtspiele Neuenstadt**. Unter professioneller Regie erspielen hier Amateurschauspieler ausgereifte Produktionen – vom Klassiker bis zum Volksstück. **Tel. 0 71 39/71 87 www.freilichtspiele-neuenstadt.de**
- Jeden Sommer lockt Burg Stettenfels bei Untergruppenbach seine Besucher zur **Kultur im Graben** mit Open-Air-Kabarett, Comedy und Musik. Alle ungeraden Jahre gibt es zusätzlich Theater-Freilichtspiele. **Tel. 0 71 31/97 70-0 www.burg-stettenfels.de**

platz weg; besonders schön ist die Gelbinger Gasse mit einem schlanken Turm an der ehemaligen Stadtmauer.

!! Von Mai bis Oktober kann man ohne Voranmeldung samstags um 14.30 Uhr an einer von der Tourist-Info veranstalteten Stadtführung teilnehmen; Start ist am Marktplatz. Auch Nachtwächter- und andere Sonderführungen werden angeboten.

Den **schönsten Blick auf die Schokoladenseite** von Schwäbisch Hall genießt man von der ****Kunsthalle Würth**, in der international beachtete Ausstellungen überwiegend moderner Maler und Bildhauer zum Publikumsmagneten geworden sind (Lange Str. 35, Di–So 11–18 Uhr).

Echt gut

Alte Meister, darunter der spätmittelalterliche Bilderschatz der ehemals Fürstlich Fürstenbergischen Bildersammlung Donaueschingen sowie weitere Kunstwerke aus dem Besitz der Sammlung Würth, sind in der ****Johanniterhalle** zu bewundern, einer ehemaligen Kirche aus dem 12. Jh. (Di–So 11–17 Uhr).

Das ***Hällisch-Fränkische Museum** im mittelalterlichen Stadtkern gewährt in sieben historischen Gebäuden Einblicke in die Geschichte der Stadt und der Region, präsentiert Werke des Bildhauers Leonhard Kern (1588 bis 1662) und zeigt in der Abteilung über jüdisches Leben eine erst jüngst entdeckte bemalte Synagogenvertäfelung (Keckenhof 6, Tel. 07 91/7 51-2 89; Di–So 10 bis 17 Uhr).

## 6 Die Kunstsammlungen Würth

Dass Kunst und Kommerz ein gutes Gespann sein können, beweist der »Schraubenkönig« und Kunstmäzen Professor Dr. Reinhold Würth, Seniorchef der international operierenden Würth-Gruppe mit Stammsitz in Künzelsau. Seit den 1960er-Jahren hat er eine hochkarätige Kunstsammlung angelegt, die inzwischen 12 500 Werke umfasst. 1991 eröffnete das Unternehmen in Künzelsau das **Museum Würth** (› S. 103), im Jahr 2001 kam die **Kunsthalle Würth** in Schwäbisch Hall dazu (› S. 90; Abbildung oben). Die Ausstellungen basieren auf der Sammlung Würth mit Schwerpunkt auf moderner und zeitgenössischer Kunst. Themenausstellungen sowie durch Leihgaben ergänzte Retrospektiven einzelner Künstler – von Christo bis Edvard Munch – runden das Programm der Museen ab. Zudem existieren seit 1999 Kunstdependancen in den Würth-Auslandsgesellschaften in Belgien, Dänemark, Frankreich, Italien, Niederlande, Norwegen, Österreich, Spanien und der Schweiz.

2003 erwarb Reinhold Würth den Fürstlich Fürstenbergischen Bilderschatz aus Donaueschingen mit äußerst seltenen Bilddokumenten ab dem ausgehenden Mittelalter. Einen würdigen Rahmen für diese Sammlung Alter Meister fand Würth 2008 in der **Johanniterhalle** in Schwäbisch Hall (› S. 90), einer ehemaligen Kirche aus dem 12. Jh. Hier sind u.a. Werke von Lukas Cranach und Tilman Riemenschneider zu bewundern.

Mit der **Hirschwirtscheuer** hat Würth der Kunst eine weitere Heimstatt geschaffen. Im Museum ist eine Dauerausstellung der Künzelsauer Künstlerfamilie Sommer untergebracht, die im 18. Jh. überregionalen Ruhm genoss.

Darüber hinaus macht die Unternehmensgruppe Würth ein breites museumspädagogisches Angebot, um vor allem Kindern und Jugendlichen Kunst zu vermitteln: Museen sollen als Erlebnisräume verstanden werden, in denen man lernt, genau hinzusehen, zu analysieren und neue Denkansätze zu gewinnen.

Karte Seite 86


7 Im Ortsteil Wackershofen tauchen Besucher im ***Hohenloher Freilandmuseum** in die ländliche Welt der vergangenen Jahrhunderte ein. Alte Gebäude aus der Region mit originalen Möbeln und Arbeitsgeräten sowie typischen Haustieren, ein »Hohenloher Dorf« sowie die Baugruppen »Weinlandschaft« und »Waldberge« zeigen, wie unsere Vorfahren gelebt und gearbeitet haben. Dazu kommen **täglich wechselnde Handwerkervorführungen** und ein reichhaltiges Veranstaltungsprogramm (Mai–Sept. tgl. 9–18 Uhr, März, April, Okt., Nov. Di–So 10–17 Uhr).

Echt gut!

## Info

■ **Tourist Information**
**Am Markt 9**
**74523 Schwäbisch Hall**
**Tel. 07 91/7 51-2 46**
**www.schwaebischhall.de**

■ **Hohenloher Freilandmuseum**
**Dorfstr. 53 ][ 74523 Schwäbisch Hall-Wackershofen**
**Tel. 07 91/9 71 01-0**
**www.wackershofen.de**

## Hotels

■ **Romantikhotel Adelshof**
**Am Markt 12–13**
**74523 Schwäbisch Hall**
**Tel. 07 91/75 89-0**
**www.hotel-adelshof.de**
Geschichtsträchtiges Haus direkt am Marktplatz neben der Michaelskirche. Romantisch gestaltete Themenzimmer, Wellnessbereich, Gourmetküche im **Restaurant San Michele.** ●●–●●●

■ **Ringhotel Hohenlohe**
**Weilertor 14**
**74523 Schwäbisch Hall**
**Tel. 07 91/7 58 70**
**www.hotel-hohenlohe.de**
Großes, modernes Haus, zentrumsnah am Kocher gelegen. 2000 m² Wellnessanlage mit 4 Solebecken, Saunen. Komfortzimmer und Suiten. Aussichtsrestaurant mit gehobener regionaler und mediterraner Küche. ●●–●●●

■ **Hotel Scholl garni**
**Klosterstr. 2–4**
**74523 Schwäbisch Hall**
**Tel. 07 91/97 55-0**
**www.hotel-scholl.de**
Modernes Hotel mit netter, persönlicher Atmosphäre hinter Fachwerkfassaden oberhalb vom Marktplatz. ●●

## Das Schwäbisch-Hällische Landschwein

Knuffig schauen sie aus, die Schwäbisch-Hällischen Landschweine: rosa der Körper, schwarz die Hinterbeine, Hals und Kopf. »Mohrenköpfle« werden sie in der Region daher genannt. Diese alte Haustierrasse galt 1980 bereits als ausgestorben. Engagierte Landwirte begannen 1984 mit nur sieben reinrassigen Mutterschweinen und einem Eber eine neue Zucht. Heute ist das Fleisch von den ökologisch arbeitenden Betrieben der Züchtervereinigung Schwäbisch-Hällisches Schwein wegen seines Wohlgeschmacks bei Gastronomen und Endverbrauern sehr begehrt. Der Begriff ist europaweit als Herkunftsbezeichnung geschützt. Im Hohenloher Freilandmuseum lebt eine Rotte der »Mohrenköpfle« in einem Freigehege.

Karte Seite 86

Schwäbisch-Hällische Landschweine mit ihrer unverkennbaren Zeichnung

## Restaurants

### Restaurant Eisenbahn im Landhaus Wolf

**Karl-Kurz-Str. 2**
**74523 Schwäbisch Hall-Hessental**
**Tel. 07 91/93 06 60**
**www.restaurant-eisenbahn.de**

Aus dem Dorfgasthof der Großeltern wurde das komfortable Landhaus Wolf mit dem Restaurant Eisenbahn. Für seine individuelle Frischeküche wurde Josef Wolf von einschlägigen Gourmetführern hoch dekoriert. **Fisch und Fleisch stammen aus der Region,** z.B. karamellisierte Brust vom Hällischen Jungschwein auf Bohnenpüree mit geräuchertem Kocheraal. ●●●

### Rebers Pflug

**Weckrieder Str. 2**
**74523 Schwäbisch Hall**
**Tel. 07 91/79 31 23-0**
**www.rebers-pflug.de**

Der denkmalgeschützte Landgasthof (auch Hotel, ●●) präsentiert sich im neu gestalteten Restaurant klar und edel – so wie die **mehrfach ausgezeichnete Küche von Hans-Harald Reber.** Neben den Schwäbischen Klassikern kommt Saisonales kreativ auf den Tisch – z.B. Damhirschrücken in Macadamianuss-Kruste. ●●●

### Gasthaus Sonne

**Gelbinger Gasse 2**
**74523 Schwäbisch Hall**
**www.sonne-sha.de**
**Tel. 07 91/97 08 40**

Stilvoll-rustikales Restaurant in der Altstadt. Regionale Spezialitäten wie Rostbraten, Saure Kutteln oder Maultaschen, aber auch vegetarische Gerichte. ●–●●

### Sudhaus an der Kunsthalle

**Lange Str. 35/1**
**74523 Schwäbisch Hall**
**Tel. 07 91/9 46 72-70**
**www.sudhaus-sha.de**

Erlebnisgastronomie im einstigen Brauhaus. Dachterrasse mit tollem

Blick auf die Altstadt. In der Brasserie deftig-schwäbische Kost, eigene Hausbrauerei. Regelmäßig Live-Musik mit Jazz, Rock und Soul. ●–●●

## Shopping

**Zweikarat**
**Blockgasse 5**
**74523 Schwäbisch Hall**
**Tel. 07 91/9 46 39 47**
**www.zweikarat.de**
Individuell gestalteter Gold- und Silberschmuck in der Goldschmiede Simone Binder, die mit Sinn für edles Design auch Edelmetall-Kombis fertigt.

## Kultur

**Gerhards Marionettentheater**
**Im Lindach 9**
**74523 Schwäbisch Hall**
**Tel. 07 91/4 85 36 ][ www.gerhards-marionettentheater.de**
Wer Freude an der Kunst am Faden hat, sollte eine Vorstellung in der reizenden Marionettenbühne im **Theater im Schafstall** nicht versäumen. Das Repertoire für kleine und große Menschen reicht von Märchen oder Jim Knopf bis zum Puppenspiel vom Dr. Johann Faust.

# **Comburg 2

Oberhalb des Schwäbisch Haller Stadtteils Steinbach erhebt sich unübersehbar die Comburg, auch **Großcomburg** genannt, weil ein kleineres Ensemble in der Nähe Kleincomburg heißt. Es handelt sich aber nicht um eine Burg, sondern um ein ehemaliges befestigtes Kloster, das 1078 von Benediktinern gegründet und im 15. Jh. in ein adliges Chorherren-

Großcomburg: Radleuchter aus dem 12. Jh.

Karte Seite 86

stift umgewandelt wurde. Beim Weg zur Kirche durchschreitet man mehrere Burgtore und passiert verschiedene Gebäude aus unterschiedlichen Epochen, darunter die sechseckige Erhardskapelle mit mittelalterlichen Wandmalereien im Inneren und die romanische Michaelskapelle. Die ursprüngliche romanische Kirche wurde im 18. Jh. abgebrochen und durch die barocke Kirche St. Nikolaus mit prächtigem Chorgestühl und Altären ersetzt. Bedeutendstes Kunstwerk in der Kirche ist der romanische ****Radleuchter** aus dem 12. Jh. mit einem Durchmesser von 5 m. Er symbolisiert mit seinen zwölf Tortürmen das himmlische Jerusalem, das als Stadt des Lichts mit 48 Kerzen aufstrahlt. 412 Figuren, v.a. Propheten und Heilige, bilden die ornamentalen Verzierungen. Aus der gleichen Zeit stammt das künstlerisch wertvolle ***Antependium** (Altarvorderwand) aus vergoldetem Kupferblech, das Christus in der Mandorla und die zwölf Apostel zeigt (Kirche tgl. außer bei Gottesdiensten zugänglich, Kurzführungen April–31. Okt. Di–Fr 11, 13, 14, 15, 16 Uhr, Sa, So, Fei 14, 15, 16 Uhr).

## Gaildorf 3

Mehrere Jahrhunderte lang war Gaildorf (12 400 Einwohner) Residenz einer Linie der Schenken von Limpurg – bis zu deren Aussterben 1690. Im **Alten Schloss** aus dem 14. Jh., einem eindrucksvollen Fachwerkbau auf steinernem Untergeschoss direkt am Kocher, residierten die Schenken und regelten die Holzflößerei auf dem Kocher zu den Salzsiedern der Stadt Hall. Während das im 18. Jh. erbaute Neue Schloss dem Zweiten Weltkrieg zum Opfer fiel, blieb das Alte Schloss erhalten und wird heute für Ausstellungen und Veranstaltungen genutzt. Ihre **Grablege** in der Kirche gegenüber schmückten die Limpurger mit figurenreichen Epitaphen.

### Info

**Bürgermeisteramt**
**Schlossstr. 20 ][ 74405 Gaildorf**
**Tel. 0 79 71/2 53-0**
**www.gaildorf.de**

### Restaurant

**Gasthaus zum Löwen**
**Karlstr. 4**
**74405 Gaildorf**
**Tel. 0 79 71/63 12**
**www.loewen-gaildorf.de**
Der Gasthof im Stadtzentrum (auch einige einfache Zimmer), seit 100 Jahren in Familienbesitz, bietet neben schwäbischen Spezialitäten wie Maultaschen oder Kässpätzle eine große Auswahl argentinischer Steaks und Lamm. ●–●●

## *Vellberg 4

Noch immer wirkt der 4200-Einwohner-Ort wie eine mittelalterliche Trutzfeste. Über eine Brücke und durch den Torturm gelangt man in das historische »Städtle«, das auf drei Seiten vom tief eingeschnittenen Bühlertal umgeben und zum Berg hin von einem

Das Rathaus von Vellberg, Blickfang im historischen »Städtle«

Burggraben geschützt wird. Mit nur einem Platz und wenigen kurzen Gassen präsentiert sich der von Mauern mit Türmen und Bastionen umgebene Ort handlich-klein. Unter den prächtigen Fachwerkhäusern am Marktplatz ragt das freistehende **Rathaus** besonders hervor. An der Spitze des schmalen Bergsporns liegt **Schloss Vellberg** mit markantem Staffelgiebel. Vellberg wurde ab 1466 befestigt und 1595 von der Reichsstadt Hall erworben, zu der es bis 1803 gehörte. Zu den ältesten Gebäuden der Stadt zählen das **Ganerbenhaus** und der Museumsgasthof Ochsen.

Echt gut!

Aus dem Stadtbrunnen von 1720 **fließt einmal im Jahr kein Wasser, sondern Württemberger Wein:** beim Stadtbrunnenfest am ersten Juliwochenende.

Auf der anderen Seite des Flüsschens Bühler liegt der ältere Stadtteil **Stöckenburg,** wo sich in der Martinskirche ein aufklappbarer Altar der Riemenschneider-Schule befindet.

## Info

**Bürgermeisteramt**
**Im Städtle 28**
**74541 Vellberg**
**Tel. 0 79 07/8 77-0**
**www.vellberg.de**

## Hotel

**Hotel Ganerbenhaus**
**Im Städtle 3**
**74541 Vellberg**
**Tel. 0 79 07/94 26 25**
**www.haus-kammerer-vellberg.de**
Kleines Hotel garni mit viel Charme in einem prächtigen Haus aus dem 15. Jh. an der Stadtmauer, stilvoll res-

Karte Seite 86

tauriert, viele Antiquitäten. Man schlummert unter alten Balken oder bemalten Decken. **Hier frühstücken Sie auf feinem alten Rosenthal-Porzellan;** hervorragendes Preis-Leistungs-Verhältnis. ●●

**Restaurant**

**Museumsgasthof Ochsen**
**Im Städtle 23**
**74541 Vellberg**
**Tel. 0 79 07/94 26 25**
**www.haus-kammerer-vellberg.de**
Historisches Wirtshaus am Markt, urgemütliche Gaststube mit großem Kachelofen. Auf den Tisch kommen regionale Produkte, z.B. Schwäbisch-Hällisches Landschwein und Hohenloher Ochse. Mi geschl. ●–●●

## Ausflug nach Dinkelsbühl

Wer Mittelalter nicht nur im zierlich wirkenden Vellberg, sondern »en gros« erleben möchte, findet im 40 km entfernten Dinkelsbühl eine 800-jährige Stadt mit mehr als einem Dutzend Türmen und Toren, historischen Bauwerken, dem schönen Weinmarkt und mehreren bedeutenden Kirchen (www.dinkelsbühl.de).

## Crailsheim 5

Sein heutiges Stadtbild erhielt Crailsheim (33 100 Einwohner) erst nach dem Zweiten Weltkrieg: Als strategisch wichtiger Eisenbahnknoten wurde die Stadt im Krieg weitgehend zerstört. Erhalten blieb unter anderem der 57,5 m hohe **Rathausturm**, zu dem 157 Stufen hinaufführen. Da lohnt der Rundblick auf die zweitgrößte Stadt von Hohenlohe. Man schaut auf die gotische **Liebfrauenkapelle**, die im 18. Jh. einen Zwiebelturm bekam, und die **Johanneskirche** aus dem 14./15. Jh. In ihr sind Altarbilder von hohem künstlerischem Wert zu bewundern – die Szenen aus Christi Leidensgeschichte und dem Leben Johannes des Täufers stammen aus der Werkstatt von Michael

### Die Crailsheimer Horaffen

Warum die Crailsheimer »Horaffen« genannt werden, berichtet eine alte Sage: 1379/1380 wollten die Reichsstädte Schwäbisch Hall, Rothenburg ob der Tauber und Dinkelsbühl das hohenlohische Crailsheim erobern und belagerten die Stadt monatelang, um sie auszuhungern. Da kratzten mutige Frauen die letzten Mehlvorräte zusammen, backten Horaffen (Gebäck in Form zweier nach oben offenen Hörner) und warfen das köstliche Naschwerk über die Mauer zu den Belagerern. Zudem stieg die Frau des Bürgermeisters auf die Mauer und zeigte dem Kriegsvolk ihren prallen, blanken Hintern. Von soviel Brot und Speck geblendet, zogen die Belagerer entmutigt ab. Seitdem haben die Crailsheimer diesen Spitznamen. Beim jährlichen Stadtfeiertag mittwochs vor Fastnacht werden fast 10 000 Hefe-Horaffen an die Kinder verschenkt.

Wolgemut, dem Lehrer Albrecht Dürers. Im ehemaligen Spital zum Heiligen Geist ist heute das **Stadtmuseum** mit einer interessanten Musikinstrumentensammlung untergebracht (Spitalstr. 2, Tel. 0 79 51/94 64-0, Mi 9–19 Uhr, Sa 14–18, So, Fei 11–18 Uhr).

Echt gut! In der zweiten Septemberhälfte findet in Crailsheim das **Fränkische Volksfest** statt – nach dem Cannstatter Wasen das zweitgrößte Volksfest in Baden-Württemberg. Ein historischer Festumzug, Musik- und Folkloregruppen sowie ein Brillantfeuerwerk sind feste Bestandteile des Programms. Großer Vergnügungspark.

### Info

**Stadt Crailsheim**
**Marktplatz 1 ][ 74564 Crailsheim**
**Tel. 0 79 51/4 03-0**
**www.crailsheim.de**

### Hotel/Restaurant

**Hotel Post-Faber**
**Lange Str. 2–4**
**74564 Crailsheim**
**Tel. 0 79 51/96 50**
**www.postfaber.de**
Familiär geführtes Hotel mit Komfortzimmer, ruhig und doch zentral am Anfang der Fußgängerzone gelegen. Das Restaurant bietet abwechslungsreiche regionale und internationale Küche sowie Wildspezialitäten. ●●

### Restaurant

**Brauereigasthof Engel-Keller**
**Haller Str. 29**
**74564 Crailsheim**
**Tel. 0 79 51/2 25 60**
**www.engelbier.de**
Urige Brauereigaststätte mit der bodenständigen Küche Hohenlohe-Frankens. Schöner großer Biergarten mit Kastanien. ●–●●

## Kirchberg/Jagst 6

Die markante Silhouette von Kirchberg (4300 Einwohner) mit Schloss, schlankem Torturm und Kirchturm ohne Turmspitze erhebt sich eindrucksvoll über dem Jagsttal. Kirchberg wurde 1373 gegründet und war zuerst gräfliche Stadt, dann reichsstädtische Festung und schließlich Residenz der Fürsten von Hohenlohe-Kirchberg. Im **Schloss** mit barockem Hofgarten und Orangerie ist heute ein Altenheim untergebracht. Im **Stadtturm** von 1400 befindet sich in der Turmstube ein Restaurant. Als Besonderheit in der Evang. **Stadtkirche**, 1731 im Barockstil erbaut, gilt eine sogenannte **Markgräflerwand,** bei der Altar, Kanzel und Orgel eine Einheit bilden. Nach einem Brand 1929 wurde das Gotteshaus in zeitgenössischer Neugestaltung (Art déco) wieder aufgebaut.

Wer den »ältesten Kirchberger« kennenlernen möchte, sollte sonn- oder feiertags zwischen 13 und 17 Uhr im **Sandelschen Museum** in der alten Lateinschule vorbeischauen. Hier hat der »Stepanorhinus Kirchbergensis« seine Heimstatt, ein 250 000 Jahre altes Waldnashorn.

Ganz ungewöhnlich für die Region ist die im Stadtteil Gaggstatt

1904 nach Plänen des Architekten Theodor Fischer erbaute zweitürmige **Jugendstilkirche**. Der seinerzeit heftig umstritte Bau zeigt sich heute außen und innen als stilreines Architekturdenkmal jener Epoche (tgl. geöffnet).

**Info**

**Stadtverwaltung**
**Schlossstr. 10**
**74592 Kirchberg/Jagst**
**Tel. 0 79 54/98 01-0**
**www.kirchberg-jagst.de**

**Restaurant**

**La Torre – Ristorante Turmstube**
**Kirchstr. 1 ][ 74592 Kirchberg/Jagst**
**Tel. 0 79 54/92 62 07**
Etwas versteckt liegendes Restaurant im Stadtturm gleich hinter dem Torbogen. Über 40 Stufen führen hinauf zur mittelalterlichen Turmstube über den Dächern der Altstadt – und zu Pasta, Pizza und Co. ●

## 8 *Langenburg 7

Völlig zu Recht trägt Langenburg (1700 Einwohner) seinen Namen: Die lange Burg wurde im 13. Jh. als Stauferburg auf einem langgezogenen Bergrücken über der Jagst erbaut und im 16. Jh. als ***Residenzschloss** der noch immer hier wohnenden Fürsten von Hohenlohe-Langenburg umgebaut. Ein Teil des Schlosses kann im Rahmen von Führungen besichtigt werden, und zwar der ***Renaissanceinnenhof**, der mit seiner berühmten Akustik zu den bedeutendsten Schlosshöfen Deutschlands gehört, außerdem die **Schlosskapelle** und sieben **prächtige Räume**, darunter Barocksaal, Königseckzimmer, Feodora-Bibliothek und Lindenstamm-Zimmer.

Ein Blickfang schon von weitem: Kirchberg mit seiner unverwechselbaren Silhouette

Glänzend polierte Oldtimer im Automuseum Langenburg

Das Schlossmuseum ermöglicht Einblicke in die herrschaftliche Wohn- und Lebenskultur früher Tage. Gezeigt werden wertvolle Stilmöbel, Tapisserien, Bilder, Fayencen, Porzellan sowie eine Sammlung von Waffen, Rüstungen und Jagdtrophäen aus vergangenen Jahrhunderten (Ostern sowie Mitte Mai–Mitte Sept. Di bis Fr 11–16 Uhr, Sa, So, Fei 10.30–17 Uhr. April–Mitte Mai und Mitte Sept.–1. Nov. nur Sa, So, Fei 10.30–17 Uhr, www.schlosslangenburg.de).

Im **Deutschen Automuseum** in der ehemaligen Wagenremise vor dem Schloss, das eines der ersten Museen dieser Art in Deutschland war, sind **über 60 Oldtimer** zu bewundern. Der Schwerpunkt liegt auf deutschen Marken wie Porsche, Daimler-Benz, NSU, DKW, Horch und Wanderer, ergänzt von internationalen Vorkriegsfahrzeugen aus den USA, Italien, Frankreich und England. Aus den 1950er- und 1960er-Jahren werden Alltagsfahrzeuge sowie Luxuswagen, Prototypen und Rennfahrzeuge ausgestellt (geöffnet wie Schloss, www.deutsches-automuseum.de).

Echt gut!

Schöne Fachwerkhäuser und viele Cafés und Restaurants flankieren die Straße vom Schloss zum oberen Stadttor. Die Lage von Schloss und historischer Altstadt ist besonders schön aus dem Jagsttal vom Stadtteil Bächlingen zu sehen.

Flussabwärts führt im Ortsteil **Unterregenbach** eine gedeckte Holzbrücke über die Jagst. In dem kleinen Weiler beeindruckt die romanische St. Veitskirche und eine romanische Krypta. Ein Grabungsmuseum zeigt Funde aus den letzten Jahrhunderten (tgl. 9–11.30 und 14–17 Uhr).

Karte Seite 86

### Info

**Verkehrsamt**
**Hauptstr. 15 ][ 74595 Langenburg**
**Tel. 0 79 05/91 02-0**
**www.langenburg.de**

### Restaurants

■ **Schlosscafé**
**Im Rosengarten**
**74595 Langenburg**
**Tel. 0 79 05/94 05 40**
**www.schlosscafe-langenburg.de**
Direkt am Hang unterhalb des Schlosses bietet die große Terrasse einen tollen Blick über das Jagsttal. Neben Kuchenspezialitäten bietet das Restaurant überwiegend regionale Produkte wie Lendchen vom Hällischen Schwein oder Burgunderbraten vom Hohenloher Weiderind. ●–●●

■ **Café Bauer**
**Hauptstr. 28 ][ 74595 Langenburg**
**Tel. 0 79 05/3 63**
**www.echte-wibele.de**

#### Wibele – Winzlinge mit schlanker Taille

Als Konditormeister Wibel 1763 ein feines Dessertgebäck erfand, ahnte er noch nicht, dass seinen Biskuitwinzlingen in der Form von zwei mit einer schlanken Taille verbundenen Kreisen oder Tropfen eine steile Karriere bevorstand. Doch der Fürst zu Hohenlohe-Langenburg war derart von diesem »süßen Nichts« angetan, dass er nun alle ähnlichen Nachahmungen vehement ablehnte und »ein für allemal« nur noch nach den echten Wibele verlangte. Seither sind Wibele die Langenburger Spezialität.

Nur hier dürfen sich die Langenburger Wibele »echt« nennen . Im traditionsreichen Café an der Hauptstraße mit Terrasse zum Jagsttal lohnen sich als Mitbringsel auch die leckeren hausgemachten Trüffel und Pralinen.
Mo geschl. ●

■ **Mosesmühle**
**74595 Bächlingen**
**Tel. 0 79 05/94 00 42**
**www.mosesmuehle.de**
Noch immer dreht sich an der alten Mühle das Mühlrad, heute zur Stromerzeugung. Restaurant mit tollem Biergarten direkt an der Jagst, daneben ein blumenbunter Bauerngarten. Immer am ersten Samstag im Monat ist Jazzfrühschoppen. ●

## Ausflug zur Jagsttalranch

Ein Hauch von Afrika und Südamerika weht beim Ortsteil Großforst durch das Jagsttal, nur etwa 6 km von Langenburg entfernt. Hier züchten Heidrun und Martin Bauer auf der Jagsttalranch Strauße, Lamas und Angusrinder, die man in ihren Freigehegen beobachten kann. Und es gibt auch Souvenirs zu kaufen, beispielsweise flaumige Schmuckfedern, ausgeblasene oder bemalte Riesenostereier oder Nudeln aus Teig mit frischen Straußeneiern.

Im Sommer ist an den Wochenenden das Hofcafé geöffnet. Auf Anfrage werden auch Hofführungen und Lama-Trekking angeboten (74582 Gerabronn-Großforst, Tel. 0 79 52/92 58 21, www.jagsttalranch.de).

# Braunsbach 8

Die über 1 km lange elegante Autobahnbrücke bei Braunsbach, auf der die A 6 das Kochertal überquert, ist mit 185 m Deutschlands höchste Brücke und – nach der 270 m hohen Tarn-Brücke in Frankreich – die zweithöchste Europas. Erst unter dieser 1976 bis 1979 erbauten Brücke kann man erkennen, wie tief sich der Kocher in die Hohenloher Ebene eingegraben hat (Abbildung S. 84).

Im **Brückenmuseum** im Kulturhaus Braunsbach-Geisingen ist dokumentiert, welche technischen und geologischen Gesichtspunkte berücksichtigt werden mussten. Ein Film zeigt, wie die Brücke mit ihren gigantischem Ausmaß in nur 33 Monaten erbaut wurde (bitte anmelden unter Tel. 0 79 06/ 14 80, www.braunsbach.de).

# Waldenburg 9

In grandioser Aussichtslage bietet Waldenburg (3100 Einwohner), der »Balkon Hohenlohes«, den eindrucksvollsten Blick über die 180 m tiefer gelegene Hohenloher Ebene. Die enge und abgeschnürte Bergzunge war geradezu ideal für eine befestigte Stadt, die ab dem 13. Jh. entstand und allen feindlichen Angriffen standhalten konnte. Erst 1945 wurde sie zerstört. An der Spitze der historischen Altstadt, deren Häuser größtenteils in der Nachkriegszeit wieder aufgebaut wurden, liegt das **Renaissanceschloss** des Hauses Hohenlohe-Waldenburg-Schillingsfürst; Schlosshof und Schlosskirche können besichtigt werden. Zur Hochfläche hin schloss der **Lachnersturm** die befestigte Stadt ab. Die Mühe des Aufstiegs über etwa 100 mittelalterliche Treppenstufen wird mit dem schönsten Blick über die Stadt, die Hohenloher Ebene und die Waldenburger Berge belohnt.

## Info

**Verkehrsamt**

**Hauptstr. 13 ][ 74638 Waldenburg**
**Tel. 0 79 42/1 08-0**
**www.waldenburg-hohenlohe.de**

## Hotels/Restaurants

■ **Panoramahotel Waldenburg**

**Hauptstr. 84 ][ Tel. 0 79 42/9 10 00**
**www.panoramahotel-waldenburg.de**

Modernes Komforthotel auf dem »Balkon Hohenlohes« mit schönem Blick über die Hohenloher Ebene. Attraktive Wochenendpauschalen. Gepflegtes Restaurant mit Wintergarten und Freiterrasse. ●●–●●●

■ **Hotel Bergfried**

**Hauptstr. 30**
**74638 Waldenburg**
**Tel. 0 79 42/91 40-0**
**www.hotel-bergfried.com**

Kleines familiäres Hotel an der Hangkante direkt am Bergfried gelegen – beste Aussichtslage. Das Restaurant mit Aussichtsterrasse serviert Fisch- und Wildspezialitäten. ●●

# Künzelsau 10

Aus dem über 900 Jahre alten Künzelsau (14 800 Einwohner), der Kreisstadt des Hohenlohekreises, hat sich inzwischen eine Industriestadt mit bedeutenden Unternehmen entwickelt, die auf den umliegenden Höhen angesiedelt sind. Die gemütliche, schön restaurierte Kernstadt am Kocher ist dagegen recht überschaubar. Das zierliche **Alte Rathaus** von 1522 mit Uhrturm und Fachwerkfassade, die **Johanneskirche** mit einer Kanzel von Leonhard Kern, einem der wichtigsten deutschen Bildhauer des 17. Jhs., und schmucke Fachwerkgebäude wie das **Mainzer Haus** von 1596 liegen nahe beieinander. Mit dem Neuen Rathaus von 1989 schuf sich Künzelsau einen dominanten Stadteingang. Im Schloss Bartenau aus dem 17. Jh. befindet sich ein Gymnasium mit Internat.

Auf dem Werksgelände der weltweit operierenden Würth-Gruppe im Ortsteil Gaisbach über der Stadt zeigt das ****Museum Würth,** dessen lichte Glas-Architektur an sich schon ein Kunstwerk ist, regelmäßig Ausstellungen der bedeutenden Sammlung des Unternehmers und Kunstmäzens Reinhold Würth (› S. 91). Technikinteressierte finden außerdem auch eine Sammlung

Museum Würth in Künzelsau

»Schrauben und Gewinde« und eine Übersicht über die Entwicklung dieser Technologie (Di–So 11–18 Uhr, Tel. 0 79 40/15–22 00, www.wuerth.com).

Das **Mustang-Museum** bietet eine multimediale Zeitreise durch die Geschichte der Mustang-Jeans, die seit 1948 in Künzelsau produziert werden (Austraße 10, Tel. 0 79 40/1 25-3 50, www.mustang-museum.de, Di–Fr 10 bis 18, Sa, So 13–18 Uhr).

## Mustang – eine Nachkriegs-Erfolgsgeschichte

Anno 1948 machte sich Alfred Sefranek aus Künzelsau – gut ausgerüstet mit sechs Flaschen Hohenloher Schnaps – auf den Weg nach Frankfurt. Dort traf er einen amerikanischen GI, der ihm dafür sechs Jeans überließ. Wieder daheim mit dem Tauschgut, trennte Sefranek die Hosen auf und entwickelte daraus die ersten Jeans-Schnittmuster Europas, die er mit der Berufskleiderfabrikation Luise Hermann in die neuen Beinkleider umsetzte. Seither sorgten Innovationen aus Künzelsau für Jeansgeschichten »im Zeichen des Mustangs«.

Karte Seite 86



**Info**

**Stadtverwaltung**
**Stuttgarter Str. 77 ][ 4653 Künzelsau**
**Tel. 0 79 40/12 90**
**www.kuenzelsau.de**

**Hotel/Restaurant**

**Anne-Sophie**
**Schlossplatz 9 ][ 74653 Künzelsau**
**Tel. 0 79 40/9 34 60**
**www.hotel-anne-sophie.de**
Das Haupthaus und die Dependance bieten 29 Gästezimmer mit viel Komfort und Eleganz. Eine Besonderheit: Der 2003 gegründete Betrieb ist ein integratives Projekt. ●●–●●●

**Shopping**

**Outlet Mustang Store**
**Würzburger Str. 48**
**74653 Künzelsau**
**Tel. 0 79 40/92 52-0**
Lässige Outfits direkt am »Geburtsort« der ersten europäischen Jeans.

**Aktivitäten**

**Hallenbad Tollkün**
**Klebweg 17 ][ 74653 Künzelsau**
**Tel. 0 79 40/54 76 18**
Echt gut! Die Hauptattraktion des Hallenbads mit Außenbereich ist sicher die **104 m lange Riesenrutsche,** doch man kann auch einfach schwimmen oder sich im Dampfbad entspannen. Di–Fr 15–21, Sa, So 8–18 Uhr.

## Ingelfingen 11

Rebzeilen ziehen sich beiderseits von Ingelfingen (5700 Einwohner) die Hänge des Kochertals hinauf. In einem der Weinberge kann das **Ingelfinger Fass** bewundert werden, das 2002 fertig gestellt wurde und mit 22,8 m Breite, 9,40 m Höhe, 13,2 m Tiefe und einem Volumen von 716 Kubikmetern (716 000 Litern) das zweitgrößte Holzfass Europas sein soll. Im Fass ist ein Weinbaumuseum eingerichtet, das ohne feste Öffnungszeiten ständig durch Schaufenster von außen besichtigt werden kann.

Im Ort zeigt das **Muschelkalkmuseum** in der Inneren Kelter Fossilien, Gesteine und Mineralien aus der Triaszeit (Sa 14–17, So 10.30–16 Uhr, Mai–Okt auch Mi 15–17 Uhr, Schlossstr. 3, www.muschelkalkmuseum.de).

**Info**

**Stadtverwaltung**
**Schlossstr. 12 ][ 74653 Ingelfingen**
**Tel. 0 79 40/13 09-0**
**www.ingelfingen.de**

**Hotels/Restaurants**

■ **Schloss-Hotel Ingelfingen**
**Schlossstr. 14**
**Tel. 0 79 40/91 65-0**
**74653 Ingelfingen**
**www.schlosshotel-ingelfingen.de**
Im Ortskern am Schlosspark gelegenes historisches Hotel & Restaurant. Schöne mediterrane Terrasse. Hell und modern gestaltete Zimmer. Im Restaurant wird feine Regionalküche in der Schlossstube geboten, in der Marktstube kommt Bodenständiges auf den Tisch. Günstiger Mittagstisch.
Hotel ●●, Restaurant ●●–●●●

■ **Haus Nicklass**
**Künzelsauer Str. 1**
**74653 Ingelfingen**
**Tel. 0 79 40/9 10 10**
**www.haus-nicklass.de**

Karte Seite 86

Das familiengeführte Drei-Sterne-Hotel verfügt über 60 Zimmer, zwei Restaurants und einen großzügigen Wellnessbereich. Tolles Frühstücksbüffet! ●●

## Niedernhall 12

Auch in Niedernhall (3900 Einwohner) dreht sich vieles um den Wein. Davon zeugen nicht nur die Weinberge, sondern in der als Gesamtanlage unter Denkmalschutz stehenden Altstadt auch so mancher Winzerhof. Noch heute umschließt auf 700 m Länge die Stadtmauer gut drei Viertel des Städtchens. Zu den eindrucksvollsten Fachwerkhäusern gehören das Rathaus von 1477 mit Uhrturm und am Stadteingang das Götzenhaus, in dem der junge Götz von Berlichingen 1490 die Schulbank gedrückt hat. Bis 1826 wurde in Niedernhall Sole gefördert, heute kann man sich im attraktiven **Solebad** in Außen- und Innenbecken im Salzwasser aalen und in der Sauna- und Massagelandschaft entspannen (Mo 13 bis 21, Di–Fr 9–21, Sa, So, Fei 9–19 Uhr).

Echt gut!

### Info

■ **Stadtverwaltung**
**Hauptstr. 30 ][ 74676 Niedernhall**
**Tel. 0 79 40/91 25-20**
**www.niedernhall.de**

■ **Niedernhaller Solebad**
**Brückenwiesenweg 29**
**74676 Niedernhall**
**Tel. 0 79 40/5 58 32**

### Hotel/Restaurant

**Landhotel Rössle**
**Hauptstr. 12 ][ 74676 Niedernhall**
**Tel. 0 79 40/9 83 66-0**
**www.landhotel-roessle.com**
Fachwerkbau am Rand der historischen Altstadt, komfortable, moderne Zimmer. In Restaurant und Gewölbe-

Kanufahrer auf dem Kocher vor Niedernhall

## Götz von Berlichingen – der Ritter mit der eisernen Hand

Fast überall in dieser Region trifft man auf die Spuren Götz von Berlichingens, der 1480 auf der Burg Jagsthausen › S. 67 geboren wurde. Dort verbrachte der kleine Götz seine Kindheit, ging in Niedernhall › S. 105 zur Schule und begann mit 14 Jahren die Ausbildung zum Ritter. Er sollte lebenslang dem Kriegshandwerk treu bleiben. Im Kampf verlor er vor Landshut 1504 seine rechte Hand, die durch eine »eiserne Hand« ersetzt wurde, eine Unterarmprothese mit erstaunlich gut funktionierender Mechanik. Sie ist im Museum der Götzenburg Jagsthausen zu besichtigen.

Nach einem Überfall auf durchziehende Kaufleute verhängte Kaiser Maximilian 1512 die Reichsacht über Götz von Berlichingen, was Recht- und Ehrlosigkeit bedeutete. Nach Aufhebung der Acht 1514 schloss er sich bald wieder zahlreichen Fehden an. Sein berühmtes Zitat »Er kann mich mal ....« soll er nach einem Streit mit dem Amtmann von Krautheim › S. 106 zur Burg hinaufgebrüllt haben. 1518 wurde er württembergischer Amtmann in Möckmühl › S. 66, das bald darauf vom Schwäbischen Bund belagert wurde. Beim Versuch eines Ausfalls aus der Burg kam Götz als Gefangener nach Heilbronn › S. 50 in »ritterliche Haft«. Nach seiner Freilassung zog er sich auf Burg Hornberg › S. 68 zurück. Die Ruhe währte nicht lange: Im Bauernkrieg gegen Fürsten, Klerus und Schwäbischen Bund wurde Götz gezwungen, als einziger kriegserfahrener Recke Hauptmann einer Bauerntruppe zu werden. Nach Niederschlagung der Bauernrebellion 1525 wurde der streitbare Ritter – statt Hinrichtung – zu lebenslangem Hausarrest auf dem Hornberg »begnadigt«. Noch zweimal wurden seine Dienste als Heerführer kurz in Anspruch genommen, doch verbrachte er die Zeit von 1530 bis 1562 nahezu ausschließlich auf Burg Hornberg, ging in den umliegenden Wäldern auf Jagd, genoss den an der Burg wachsenden Wein und schrieb seine Memoiren, die Goethe als Vorlage zu seinem Drama »Götz von Berlichingen« nahm. Im Alter von über 80 Jahren starb Götz 1562 und wurde im Kreuzgang von Kloster Schöntal › S. 108 beigesetzt.

keller werden regionale Klassiker wie Hohenloher Rostbraten oder Siedfleisch serviert. Auch Fisch-Variationen sind Spezialität des Hauses. Restaurant Mo geschl. ●●

## Dörzbach 13

Gleich drei Schlösser und Burgen kann Dörzbach (2400 Einwohner) vorzeigen: Das Schloss der Herren von Palm in unmittelbarer Nähe einer der schönsten Rokokokirchen im Hohenlohekreis, die Burg der Herren von Racknitz und Schloss Eyb, in dem alljährlich das **Musikfestspiel Schubertiade** stattfindet. Alle drei Schlösser sind bewohnt und können nur von außen besichtigt werden.

Jagstaufwärts liegt an einem naturbelassenen Uferstreifen die über 500 Jahre alte spätgotische **Wallfahrtskapelle St. Wendel zum Stein** unmittelbar an einem Tuffsteinfelsen, aus dem an mehreren Stellen Wasser quillt. Eine weitere Quelle befindet sich unter dem Mesnerhaus. An dieser Stelle soll sich schon vorher eine Kapelle befunden haben, der Sage nach von einem Schäfer errichtet, der hier einen Schatz fand.

### Pfade der Stille

Die Jagsttalgemeinden Mulfingen, Dörzbach, Krautheim und Schöntal haben zusammen mit der Touristikgemeinschaft Hohenlohe vier »Pfade der Stille« ausgeschildert. Insgesamt 28 religiöse und touristische Kleinode im mittleren Jagsttal kann man auf ihnen zu Fuß oder per Fahrrad erkunden. Wanderern und Radlern wird so die Gelegenheit geboten, in besonderem Maß Ruhe in der Natur zu finden und an Orten großer Spiritualität zu verweilen, z.B. an der Kapelle St. Wendel zum Stein. (www.pfade-der-stille.de) Die einzelnen Touren können über www.wegpunkt.de auch auf ein GPS-Gerät geladen werden.

### Info

**Bürgermeisteramt**
**Marktplatz 2 ][ 74677 Dörzbach**
**Tel. 0 79 37/91 19-0**
**www.doerzbach.de**

## Krautheim 14

Wie vielerorts hat auch in Krautheim (5200 Einwohner) Götz von Berlichingen seine Spuren hinterlassen. Das berühmte Götz-Zitat fiel oben an der Burg, in der Amtmann Stumpf als Statthalter des Erzbistums Mainz residierte. Mit ihm geriet Götz 1516 in Streit. »Er kann mich hinden lekhen«, soll der streitbare Ritter ausgerufen haben, und Goethe machte in seinem Schauspiel den (deftiger formulierten) Ausruf zum geflügelten Wort. Unten an der Straße erinnert die Stadt mit Gedenkstein und **Götz-Denkmal** an dieses Ereignis. Von der um 1220 erbauten Stauferburg sind der Bergfried mit einem weiten Blick über das Jagsttal, die Burgkapelle und der Burginnenhof sehenswert. In der Burg befindet sich das **Burgmuseum**, gleich nebenan im ehemaligen Johanniterhaus das **Johannitermuseum**, das über den Johanniterorden als Träger von Krankenhäusern, Altenheimen und anderen pflegerischen Einrichtungen sowie der Johanniter-Unfall-Hilfe informiert (beide Museen Mo–Fr 8.30–12.30 Uhr, Di auch 14–18 Uhr, Mai–Sept. auch Sa, So, Fei 14–16.30 Uhr; zur Besichtigung bitte anmelden im städtischen Verkehrsamt Tel. 0 62 94/98-12).

**Info**

**Stadtverwaltung**
**Burgweg 5 ][ 74238 Krautheim**
**Tel. 0 62 94/98-0**
**www.krautheim.de**

**Hotel/Restaurant**

**Heidis Station**
**Bahnhofstr. 15 ][ 74238 Krautheim**
**www.heidis-station.de.tl**

Kleines, einfaches Café mit Tagesessen und Übernachtungsmöglichkeit im historischen Bahnhof direkt am Kocher-Jagst-Radweg. Ideal zur Radler- und Wanderrast, mit Biergarten.
Okt.–April Sa Ruhetag. ●

### Abt Knittel und die Knittelverse

Benedikt Knittel (1650–1732), der 50 Jahre lang Abt von Kloster Schöntal war, wird häufig als Erfinder der Knittelverse bezeichnet. Das ist jedoch nicht richtig. Denn der Knittelvers (Knittel heißt im Frühneuhochdeutschen »Reim«) ist ursprünglich ein Versmaß des 15. bis frühen 17. Jhs. und wurde schon vom Nürnberger Meistersinger Hans Sachs genutzt.

Allerdings war Benedikt Knittel nicht nur Abt, sondern auch Schriftsteller und schuf neben theologischen Werken auch eine ganze Anzahl von »geknittelten« Gedichten.

## **Schöntal 15

In der aus neun Teilgemeinden bestehenden Gemeinde (5800 Einwohner) ist ****Kloster Schöntal** die kleinste und doch die bedeutendste. Die Zisterzienserabtei wurde 1153 gegründet und im Dreißigjährigen Krieg stark beschädigt.

Abt Benedikt Knittel ließ 1708 bis 1736 die ***Klosterkirche** nach dem Entwurf des Baumeisters Leonhard Dientzenhofer erbauen, **die schönste geistliche Residenz der Barockzeit** im Norden Baden-Württembergs. Der Architekt schuf eine hohe, lichte, kreuzförmige Halle, bekrönt von der Vierungskuppel mit verschwenderischer Innenausstattung, mehreren Altären sowie einem üppig gestalteten Chorgitter. Gleichzeitig entstanden die palastartigen Konventsgebäude mit dem reich geschmückten ***Rokoko-Treppenhaus** in der Neuen Abtei. Das Kloster wurde 1802 säkularisiert und kam zum Königreich Württemberg. Heute wird Kloster Schöntal von der katholischen Diözese als Tagungshaus, als Waldschulheim sowie als Rathaus der Gemeinde Schöntal genutzt. Die Klosterkirche und das Treppenhaus sind frei zugänglich. Im Kloster Schöntal fand Götz von

Ech gu

Karte Seite 86

Kloster Schöntal, ein barockes Juwel im Jagsttal

Berlichingen seine letzte Ruhestätte. In der Klosterkirche werden in den Sommermonaten im Rahmen des Hohenloher Kultursommers Konzerte gespielt. Die weitläufige Gesamtanlage an einer großen Jagstschleife ist sehenswert und Ziel vieler Besucher.

## Info

**Bürgermeisteramt**

**Klosterhof 1 ][ 74214 Schöntal**
**Tel. 0 79 43/91 00-0**
**www.schoental.de**

## Hotel/Restaurant

**Gasthof zur Post**

**Honigsteige 1**
**74214 Kloster-Schöntal**
**Tel. 0 79 43/22 26**
**www.gasthof-post-schoental.de**

Bekanntes, sehr gepflegtes Traditionshaus am Kloster mit regionaler Gastronomie und urigem Biergarten. Komfortable, geschmackvoll eingerichtete Zimmer im »Alten Posthaus« und modernes Design im »Neuen Posthaus«. Restaurant Mo geschl. ●●

## Café

**Klostercafé**

**Klosterhof 15**
**74214 Kloster-Schöntal**
**Tel 0 79 43/6 08**

Entspannung im Klosterhof oder im lauschigen Garten bei Kaffee, leckeren Kuchen, Eisbecher oder kleinen Gerichten. Mo geschl. ●

Forchtenberg liegt an der Mündung der Kupfer in den Kocher

# Forchtenberg 16

An der Mündung der Kupfer in den Kocher beeindruckt Forchtenberg (5000 Einwohner) mit seinem mittelalterlichen Stadtbild, zahlreichen Fachwerkhäusern sowie der weitgehend erhaltenen **Stadtmauer**, auf der sich Wohnhäuser im Halbrund um den Ort herum ziehen. Durch das Würzburger Tor gelangt man in die Stadt; steile Gassen führen in die Ortsmitte und weiter zur frei zugänglichen **Schlossruine**. Das im 12. und 13. Jh. erbaute Schloss wurde im Dreißigjährigen Krieg zerstört; der Aussichtsturm eröffnet einen Blick über die Stadt und das Kochertal.

Aus Forchtenberg stammt die Künstlerfamilie Kern, die in vier Generationen im 16. und 17. Jh. in einem Zeitraum von etwa 120 Jahren zehn Bildhauer und Baumeister hervorbrachte, am wichtigsten Michael Kern III., Georg, Leonhard und Peter Kern. Darüber sowie über die Stadtgeschichte informiert das Kernhaus in der Stadtmitte, und in der Michaeliskirche kann mit dem Altar ein Werk von Michael Kern besichtigt werden. Entzückend anzuschauen ist das kleine barocke **Teehaus** neben der Brücke am Kocher. In dem Gartenhaus eines fürstlichen Amtmanns kann man sich im Sommer trauen lassen.

### Info

**Stadtverwaltung**
**Hauptstr. 14 ][ 74670 Forchtenberg**
**Tel. 0 79 47/91 11-0**
**www.forchtenberg.de**

### Restaurant

**Winklers Weinstube**
**Bahnhofstr. 25**
**74670 Forchtenberg**
**Tel. 0 79 47/3 66**
**www.winklers-weinstube.de**

Karte Seite 86

Gemütliche Weinstube im fränkischen Stil mit Gartenterrasse. Eigener Fasswein und deftige Hohenloher Hausmannskost. Zum Haus gehört auch die radlerfreundliche »Pension Bei Oma Marie«; das reichhaltige Hohenloher Frühstück ist im Preis inbegriffen. ●

## Öhringen 17

Die Stadt (22 500 Einwohner) war eine der hohenlohischen Residenzen, und weil Graf Johann Friedrich II. im Jahr 1764 von Kaiser Franz I. zum Fürsten zu Hohenlohe-Neuenstein-Öhringen erhoben wurde, entwickelte sie sich zur größten der 17 hohenlohischen Städte. Seit 1806 gehört Öhringen zu Württemberg.

Das fürstliche **Schloss**, heute Sitz der Stadtverwaltung, bildet den Übergang von der historischen Kernstadt zum **Hofgarten**, der als öffentlicher Park und Veranstaltungsfläche eine grüne Oase mitten in der Stadt bildet. Die **Stiftskirche** beim Schloss geht auf Gräfin Adelheid aus dem 11. Jh. zurück, der Mutter von Kaiser Konrad II. Die heutige spätgotische Kirche stammt aus dem 15. Jh., besonders bedeutend sind der Hochaltar eines unbekannten Meisters sowie zahlreiche steinerne Grabmäler aus Renaissance und Barock, die an Angehörige des Hauses Hohenlohe erinnern (tgl. 10–16 Uhr).

Unter den vielen historischen Fachwerk- und Steingebäuden in der Innenstadt ragt das **Alte Rathaus** aus dem 16. Jh. mit Erker, Fachwerkgiebel und Türmchen besonders heraus, es beheimatet heute die Stadtbücherei.

Nachdem Öhringen Residenz geworden war, entstand unter Fürst Ludwig Friedrich Karl ab 1782 die klassizistische Karlsvor-

### Hans und Sophie Scholl in Forchtenberg

Sophie Scholl wurde als Tochter des Bürgermeisters 1921 in Forchtenberg geboren. Hier verlebte sie mit ihren Geschwistern Hans, Inge, Elisabeth und Werner bis 1930 die Kindheit. Während ihrer Studienzeit gehörten sie zur Widerstandsgruppe »Die Weiße Rose«; Sophie und Hans sowie der Freund Christoph Probst wurden 1943 von den Nationalsozialisten hingerichtet.

Der **Hans und Sophie Scholl-Pfad** in Forchtenberg erinnert an die Kindheitserlebnisse der Geschwister: Stationen sind Sophies Geburtshaus und die Taufkirche, der verwilderte Pfarrgarten, wo sie mit den Pfarrerskindern tobten oder Theaterstücke erfanden, der Badeplatz am Kocherwehr und andere mehr. Auf den Spuren der Geschwister Scholl im Ort sind weiße Rosen als Symbol der Erinnerung gepflanzt.

Die im Turm des Würzburger Tores an der Forchtenberger Stadtmauer eingerichtete **Gedenkstätte Weiße Rose** erinnert an den Lebensweg der Geschwister Scholl (Mi 15–18 Uhr und auf Anfrage, Tel. 07 91/7 16 15, www.forchtenberg.de, www.gedenkstaetten-bw.de).

Der Hamballebrunnen

## Der Hamballebrunnen in Öhringen

Mit »Hamballe« bezeichnet man in Hohenlohe einen törichten, aber doch liebenswerten Menschen. Ihm setzte der Künstler Hermann Koziol 1986 mit dem Hamballebrunnen in der Bahnhofstraße ein Denkmal. Der »Urtyp hochgeistiger Einfalt« (so die Aufschrift) schützt sich mit dem Schirm vor Regen und gießt gleichzeitig Blumen. Jedes Jahr wird in der Stadt eine besonders humorvolle Persönlichkeit mit dem »Silbernen Hamballe« ausgezeichnet, und die schon seit über 100 Jahren herausgegebene Fastnachtszeitung heißt natürlich ebenfalls »Hamballe«.

stadt. Am Übergang von der Altstadt wurde an der Stelle eines staufischen Torturms das ebenfalls klassizistische **Obere Tor** erbaut, ein in dieser Region seltener Baustil für ein Stadttor.

### Info

**Tourist-Information**
**Marktplatz 15 ][ 74613 Öhringen**
**Tel. 0 79 41/68-1 18**
**www.oehringen.de**

### Hotel

**Württemberger Hof**
**Karlsvorstadt 4**
**7413 Öhringen**
**Tel. 0 79 41/92 00-0**
**www.wuerttemberger-hof.de**
Zentrale, ruhige Lage an der historischen Altstadt. Stilvolle Zimmer mit Vier-Sterne-Komfort. Neuer Hotelanbau mit Wellness-Center. Im Restaurant internationale Küche mit regionalem Schwerpunkt. Große Terrasse.
●●–●●●

### Restaurants

■ **Wald & Schlosshotel Friedrichsruhe**
**74639 Zweiflingen-Friedrichsruhe**
**Tel. 0 79 41/60 87-0**
**www.schlosshotel-friedrichsruhe.de**
Im fürstlichen Ambiente des Schlosses kreiert Sternekoch Boris Benecke leichte, genussvolle Aromaküche im Gourmetrestaurant. Etwas rustikaler kommen die Schlemmereien in der Jägerstube auf den Tisch. ●●●

■ **Gasthof Krone**
**Marktstr. 24**
**74613 Öhringen**
**Tel. 0 79 41/72 78**
**www.krone-oehringen.de**

Karte Seite 86

Gemütlicher Brauereigasthof im Herzen der Altstadt. Kreative junge Küche mit schwäbischen Klassikern wie Rostbraten und Spätzle sowie mediterrane Gerichte mit Fisch und Pasta. ●–●●

## **Neuenstein 18

Wegen seines bedeutenden ****Schlosses** ist der Ort (6200 Einwohner) Ziel vieler Besucher. Nach der Landesteilung 1555 bauten die Grafen Hohenlohe-Neuenstein, eine der Hauptlinien des Geschlechts, eine mittelalterliche Wasserburg zum prächtigen Residenzschloss im Renaissancestil um. Es kam zwar 1806 zu Württemberg, wurde 1877 jedoch an das Haus Hohenlohe-Öhringen zurückgegeben und ist seit 1963 Wohnsitz der fürstlichen Familie. In den öffentlich zugänglichen Räumen geben reiche Kunstschätze sowie Möbel, Bilder und Waffen einen Überblick über Kunst und Geschichte von Hohenlohe-Franken. Besonders sehenswert sind der gotische ***Kaisersaal** sowie die original erhaltene ***Küche** aus dem 15. Jh. (Führungen: 16. März–15. Nov. tgl. außer Mo 9–12, 13–18 Uhr).

In der Stadt flankieren Fachwerkhäuser die engen Gassen, lediglich der 1574 errichtete **Fräuleinsbau** ist das letzte erhaltene Renaissancegebäude eines einst größeren Ensembles. Auch an der Kirche dominiert neben spätgotischen Teilen dieser Baustil. Das **Rathaus** mit Glockentürmchen und schönem Fachwerk steht an dem kleinen, von einer Straßengabel gebildeten Marktplatz im Zentrum der Altstadt. Die mittelalterliche Stadtbefestigung ist an der Südseite Neuensteins zum Stadtpark hin am besten erhalten.

### Info

**Bürgermeisteramt**
**Schlossstr. 20 ][ 74632 Neuenstein**
**Tel. 0 79 42/1 05-0**
**www.neuenstein.de**

### Hotel

**Hotel am Schloss**
**Hintere Str. 18–20**
**74632 Neuenstein**
**Tel. 0 79 42/20 95**
**www.hotel-ami.de**
Sehr ruhig und zentral gelegenes neues Hotel in Schlossnähe; moderne, individuell eingerichtete Zimmer. Restaurant mit regionaler und internationaler Küche, eigene Konditorei. ●●

Schloss Neuenstein

# Das liebliche Taubertal

## Nicht verpassen!

- Im ehemaligen Zisterzienserkloster Bronnbach ein Konzert hören
- Zur Burgruine Wertheim hoch über Main und Tauber aufsteigen
- Eine Führung durch das reizende Renaissanceschloss Weikersheim miterleben
- Tilman Riemenschneiders Marienaltar in der Herrgottskirche in Creglingen bewundern

 Karte Seite 116

# Zur Orientierung

Mal munter, doch meist träge schlängelt sich die Tauber von ihrem Ursprung bei Rot am See in Baden-Württemberg – mit kleinen Schlenkern ins Bayrische – über Rothenburg o. d. Tauber und Bad Mergentheim bis zur Mündung in den Main bei Wertheim.

Auf ihrem 130 km langen Lauf durch liebliche Wein-, Wald- und Wiesenlandschaften fließt sie gut 300 Höhenmeter abwärts – von 447 m auf 136 m Meereshöhe. Im idyllischen Tal der Tauber liegt alles sympathisch nah beieinander: mittelalterliche Städte und gemütliche Weindörfer, Schlösser, Burgen, großartige Kunstschätze und kleine Kuriositäten.

Anfangs sanft hügelig, hat sich das Flüsschen ab Rothenburg immer tiefer in den Muschelkalk und später den Buntsandstein eingegraben und bildet im Unterlauf beim Durchbruch durch die Ausläufer des Odenwalds ein schlingenreiches, enges und bewaldetes Tal. Im mittleren Teil flankieren Weinberge die Hänge, an denen seit dem Mittelalter vor allem Weißweinsorten angebaut werden. Bemerkenswert sind die zahlreichen alten, von Brückenheiligen bewachten Steinbrücken über die Tauber und ihre Nebenbäche, darunter in Tauberrettersheim die einzige erhaltene Steinbrücke des Barockbaumeisters Balthasar Neumann.

Der historische Marktplatz von Weikersheim ist das Herz der Stadt

Das über weite Teile stille Tal hat sich zur beliebten Radlerregion entwickelt; der Radweg Liebliches Taubertal von Rothenburg bis Wertheim ist längst zum Radweg-Klassiker geworden, den der ADFC mit der Höchstnote »Fünf Sterne« bewertet.

## Touren in der Region

### Höhepunkte entlang der Tauber

**(10) Rothenburg › Creglingen › Weikersheim › Bad Mergentheim › Lauda-Königshofen › Grünsfeld-Hausen › Tauberbischofsheim › Gamburg › Kloster Bronnbach › Wertheim**

**Länge:** 2 Tage; 95 km
**Praktische Hinweise:** Die Tour ist nur mit dem Auto durchführbar. Wenn Sie mit Kindern unterwegs sind, sorgen ein Rundgang auf der Stadtmauer in Rothenburg (frei zugänglich), eine Kinderführung in Schloss Weikersheim (Termine vorher klären!) sowie die täglichen Tierfütterungen im Wildpark Bad Mergentheim für spannende Erlebnisse.

Diese Bummeltour von der jungen Tauber bis zur Mündung des Flusses bei Wertheim in den Main erschließt das romantische Taubertal nahezu auf seiner gesamten Länge. Nicht von ungefähr verläuft auf zwei Dritteln dieser Strecke die Romantische Straße, liegen doch städtebauliche und kunstgeschichtliche Höhepunkte zuhauf am Wegesrand.

In nur 20 km Entfernung vom mittelalterlichen **Rothenburg › S. 137, dem Ausgangspunkt der

(10) **Höhepunkte entlang der Tauber** **Rothenburg › Creglingen › Weikersheim › Bad Mergentheim › Lauda-Königshofen › Grünsfeld-Hausen › Tauberbischofsheim › Gamburg › Kloster Bronnbach › Wertheim**

Karte Seite 116

Tour, liegt **Creglingen** › S. 136 mit seinem berühmten ******Riemenschneider-Altar.*** Flussabwärts folgt das reizende, außergewöhnlich stilrein erhaltene Renaissanceschloss in ****Weikersheim** › S. 134. Nach der Übernachtung in ***Bad Mergentheim** › S. 119, wo das geschichtsträchtige Schloss des Deutschen Ordens zur Besichtigung ansteht, geht es weiter nach **Lauda-Königshofen** › S. 122 mit seiner barocken Klosterkirche im Stadtteil

11 **Gemütlich oder sportiv mit dem Rad durch Bauland und Taubertal** **Wertheim › Freudenberg › Külsheim › Königheim › Tauberbischofsheim › Wertheim**

Von Brückenheiligen bewachte barocke Steinbrücke über den Grünbach bei Gerlachsheim

Gerlachsheim und nach **Grünsfeld-Hausen** › S. 122, wo sich die frühromanische Doppel-Oktogonkirche ***St. Achatius** als ganz besonderes Kleinod darbietet.

Es folgen **Tauberbischofsheim** › S. 123 und gleich danach der wildromantische Durchbruch der Tauber durch den Odenwaldausläufer. In **Gamburg** › S. 127 lohnt sich ein Besuch der erst seit Kurzem wieder öffentlich zugänglichen Burg mit den wohl ältesten Fresken Mitteleuropas in einem Profangebäude. Ebenfalls im engen Waldtal der Tauber liegt ****Kloster Bronnbach** › S. 128. Am Ende der Tour empfiehlt sich in ****Wertheim** › S. 129 am Main mit seiner mächtigen Burgruine und der verwinkelten Altstadt eine weitere Übernachtung.

## Gemütlich oder sportiv mit dem Rad durch Bauland und Taubertal

**(11) Wertheim › Freudenberg › Külsheim › Königheim › Tauberbischofsheim › Wertheim**

**Länge:** 1–2 Tage; 95 km
**Praktische Hinweise:** Die Wege werden auf der Karte »Radweg Liebliches Taubertal« detailliert mit Streckenabschnitten, Höhenprofilen, Infos über Pannendienst und Radverleih beschrieben. Auch besteht die Möglichkeit von Radwanderungen mit Gepäcktransport. Infos bei der Touristikgemeinschaft Liebliches Taubertal (› S. 124).

Die Radtour beginnt in **Wertheim** › S. 129 und verläuft bis **Freudenberg** auf dem Maintalradweg. Hier biegt man scharf nach Osten ab und erklimmt die Hochfläche. Der erste Anstieg bis Dürrhof ist teilweise recht steil, doch danach geht es über das nur noch sanft hügelige Bauland. Nach 55 km Strecke könnten gemütliche Radler in der Brunnenstadt **Külsheim** › S. 126 übernachten. Wer gut drauf ist, fährt weiter über **Königheim** › S. 126 nach **Tauberbischofsheim** › S. 123 ins Tal ab und erreicht den Ausgangspunkt Wertheim auf dem Taubertalradweg, der kaum Steigungen aufweist. Beide Wege sind mit dem Fahrradsymbol »Liebliches Taubertal« markiert, bis Königheim mit dem Zusatz »Der Sportive«, im Taubertal mit »Der Klassiker«.

# Unterwegs im Taubertal

## *Bad Mergentheim 1

Die mit 22 400 Einwohnern größte Stadt des Taubertals ist gleichzeitig Baden-Württembergs am stärksten frequentiertes Heilbad (Trinkquellen für Erkrankungen im Magen-Darm-Bereich und Stoffwechselstörungen). Der Kurbetrieb spielt sich vor allem in den Sanatorien und Kliniken, im Kurhaus und in der filigranen Wandelhalle links der Tauber ab. Dort erstreckt sich entlang dem Fluss auch der weitläufige ***Kurpark** mit wunderbarem alten Baumbestand, Japan- und Rosengarten, Wasserspielen mit Musik sowie den Heilquellen.

Über eine Brücke erreicht man die historische Altstadt mit dem alles dominierenden ***Deutschordensschloss**. Von 1526 bis 1809 war die Stadt Hauptsitz des Deutschen Ordens, der während der Kreuzzüge 1190 gegründet worden und seit 1219 in der fränkischen Siedlung Mergentheim ansässig war. Die ursprünglich gotische Wasserburg wurde 1568–1628 zum prachtvollen Renaissanceschloss umgebaut, in dem bis zur Enteignung des Ordens durch Napoleon 1809 die Hochmeister residierten.

Die Berwarttreppe im Deutschordensschloss

Echt gut!

Das **Deutschordensmuseum im Schloss** (April–Okt. tgl. außer Mo 10.30–17 Uhr, Nov.–März tgl. außer Mo 14–17, So, Fei ab 10.30 Uhr) informiert über die Geschichte des Ordens.

Um den **Marktplatz** scharen sich schmucke Fachwerkhäuser und Barockpalais. Einen Blickfang vor dem etwas zurückgesetzten Münster bilden die nahezu identischen Zwillingshäuser sowie das Alte Rathaus. Als Wahrzeichen der Stadt gilt der sogenannte **Milchlingsbrunnen** in der Mitte des Platzes, den eine Ritterfigur bewacht. Rundherum locken Restaurants, Cafés und Eisdielen mit ihren Angeboten.

Für Freizeitspaß sorgt der **Badepark Solymar** mit zusätzlichen Wellnessanwendungen (› Aktivitäten S. 122).

Echt gut!

**Ein Audioguide-Stadtrundgang mit dem eigenen Handy** informiert über 30 Sehenswürdigkeiten. Man wählt die Telefonnummer 0 79 31/49 88 33, hört die Ansage des Audioguides und gibt dann zu jedem Punkt eine zweistellige Nummer ein. Diese ist in einem Faltblatt aufgelistet und auch auf einem roten Schild an der jeweiligen Sehenswürdigkeit aufgedruckt.

Etwas oberhalb der Stadt an der B 290 Richtung Crailsheim liegt der ***Wildpark Bad Mergentheim** mit 70 fast ausschließlich europäischen Tierarten in artgerechten Freigehegen und naturnah gestalteten Freisichtanlagen. Die etwa 2,5 Stunden dauernde Führung mit den Tierpflegern ist auch für Kinder eine spannende Sache (Mitte März–Anfang Nov. tgl. 9–18 Uhr, Führungen ab 9.45 und 13.30 Uhr; Nov.–März nur Sa, So, Fei 10.30–17 Uhr, Führungen ab 10.40 und 13.30 Uhr).

Im Wildpark Bad Mergentheim

Karte Seite 116

!! Nicht nur schöne Aussichten auf die Stadt, sondern auch geistige Wegzehrung verspricht der ausgeschilderte 3 km lange **Philosophenweg** oberhalb des Ortes. 20 Tafeln mit kurzen Texten von Epikur bis Nietzsche regen zum Nachdenken an.

9 In **Stuppach**, einem Teilort von Bad Mergentheim, ist in einer Seitenkapelle der Pfarrkirche Mariä Krönung eines der berühmtesten Marienbilder von Matthias Grünewald (Mathias Gotthardt Nidhard) zu bewundern: die ****Stuppacher Madonna**. Das eindrückliche Gemälde, neben dem Isenheimer Altar in Colmar eines der Hauptwerke des Künstlers, landete nach vielen Stationen in dieser Kapelle. Die Stuppacher Madonna bezaubert ebenso durch die unglaublich frische Leuchtkraft der Farben wie durch die entzückenden Details und Symbole (Di–So 10 bis 17.30 Uhr, Dez.–Febr. geschl.).

Die Stuppacher Madonna von Matthias Grünewald

## Info

**Tourist-Information**
**Marktplatz 3**
**97980 Bad Mergentheim**
**Tel. 0 79 31/5 71 31**
**www.bad-mergentheim.de**

## Hotels

■ **Kurhotel Alexa**
**Edelfinger Str. 11–13**
**97980 Bad Mergentheim**
**Tel. 9 79 31/9 72 70**
**www.haus-alexa.de**
Nettes familiengeführtes Hotel im Taubergrund mit persönlicher Note und lauschigem Garten an der Tauber. Wenige Gehminuten von der historischen Altstadt entfernt. Hauseigene Badeabteilung für Kur und Fitness. ●●

■ **Alte Münze**
**Münzgasse 12–14**
**97980 Bad Mergentheim**
**Tel. 0 79 31/56 60**
**www.hotelaltemuenze.de**
Hotel garni mitten in der Altstadt am Deutschordenschloss. Alle Sehenswürdigkeiten sind fußläufig zu erreichen. Moderne, freundlich gestaltete Zimmer. ●●

## Restaurants

■ **Hotel Victoria**
**Poststr. 2–4**
**97980 Bad Mergentheim**
**Tel. 0 79 31/59 30**
**www.victoria-hotel.de**
Chefkoch Hubert Retzbach führt zwei Restaurants der Spitzenklasse:

Die Küche der klassisch-gediegenen **Zirbenstube** krönen ein Michelinstern und etliche Gault-Millau-Hauben, die auch für das raffiniert rustikal gehaltene Restaurant **Vinothek&Markthalle** im selben Haus gelten. Dort geht es eher zwanglos-gemütlich zu. Auch das Hotel spielt in der Vier-Sterne-Superior-Liga mit. ●●●

■ **Gasthof Pension Johanniter**
**Deutschordensplatz 5**
**07980 Bad Mergentheim**
**Tel. 0 79 31/75 02**
**www.gasthof-johanniter.de**
Traditionsgasthaus am Schloss mit ehrlichen, schnörkellosen Gerichten wie Sauerbraten und Maultaschen. Großer Biergarten. ●–●●

### Aktivitäten

**Solymar**
**Erlenbachweg**
**97980 Bad Mergentheim**
**Tel. 0 79 31/9 65-6 80**
**www.solymar-online.de**
Badepark mit Wellenbecken, Blackhole-Röhrenrutsche, Kinder-Wasserspielplatz, Saunalandschaft und vielen Wellnessangeboten.

St. Achatius in Grünsfeld-Hausen

## Lauda-Königshofen 2

Prächtige Kirchen, historische Brücken, Fachwerkhäuser und Bildstöcke aus sechs Jahrhunderten verteilen sich auf die zwölf Stadtteile der Weinstadt Lauda-Königshofen (15 200 Einwohner). Ein Höhepunkt ist dabei das ehemalige **Prämonstratenserinnenkloster** im Teilort Gerlachsheim, idyllisch an der Mündung des Grünbachs in die Tauber gelegen. Die 1723–1730 erbaute barocke Klosterkirche enthält großartige Stuckarbeiten im Inneren. Vor dem ehemaligen Klostergebäude (heute Seniorenzentrum) steht eine Rokoko-Freigruppe der Schmerzensmutter von 1751. Zu den schönsten Brücken in der Tauberregion gehört die **romantische Barockbrücke über den Grünbach** mit den Figuren der Heiligen Kilian, Burkhard, Michael und Nepomuk.

Echt gu

## Grünsfeld-Hausen 3

Ein Abstecher aus dem Tal führt nach Grünsfeld-Hausen zu einem besonderen architektonischen Kleinod: dem Doppel-Oktogonbau der ***Achatiuskapelle**. Sie stammt aus der Kreuzritterzeit um 1200. Vorbild für den in Mitteleuropa seltenen achteckigen Grundriss dürfte die Grabeskapelle in Jerusalem sein. Ungewöhnlich auch, dass die Kapelle

Karte Seite 116

Die Altstadt von Tauberbischofsheim mit Schloss und Türmersturm

nicht erhöht steht, sondern man einige Stufen zu ihr hinabsteigen muss. Denn der nahe Bach hat im Lauf der Jahrhunderte so viel Material angespült, dass die Kapelle bis in 4 m Höhe verschüttet wurde. 1903–1905 legte man die Kapelle wieder frei (tgl. geöffnet).

## Tauberbischofsheim 4

Einem um 735 von Bischof Bonifatius gegründeten Frauenkloster verdankt Tauberbischofsheim (13 100 Einwohner) seinen Namen. Lange Zeit zum Kurfürstentum Mainz (Kurmainz) gehörig, wurde die Stadt von Napoleon 1806 dem Großherzogtum Baden zugeschlagen. Rund um den **Marktplatz** gruppieren sich einige der bedeutendsten Gebäude der Stadt, allen voran das dominierende neugotische Rathaus von 1865 mit fünf Torbögen und dem zentralen Turm. Aber auch eindrucksvolle Fachwerkfassaden schmücken den Platz, so die heutige Post, die Stern-Apotheke oder das Rinkerhaus aus dem 17. Jh. Barock ausgestaltet wurde 1735 die St. Lioba-Kirche des ehemaligen Franziskanerklosters gegenüber dem Rathaus; daneben erhebt sich der Barockpalast des Mackert-Hauses. An der gotischen doppelstöckigen **Sebastianuskapelle** am Kirchplatz plätschert unter schattigen Bäumen der Lioba-Brunnen. Im dem ursprünglich als Beinhaus dienenden Bau ist eine Darstellung des Jüngsten Gerichts beachtenswert.

Am westlichen Rand der Altstadt liegt der Schlosshof mit dem Zwinger von 1595 und dem **Kurmainzischen Schloss**. Weithin sichtbar ragt der runde **Türmers-**

**turm** als Wahrzeichen. Hier befindet sich heute das **Tauberfränkische Landschaftsmuseum** mit einem Modell der Stadt im 18. Jh. und Ausstellungen sakraler Kunst, Möbeln von Renaissance bis Biedermeier sowie Trachten und prähistorischen Funden (Palmsonntag–31. Okt. Di–Sa 14–16.30 Uhr, So, Fei 10–12 und 14–16 Uhr).

## Info

**Tourist-Information**
**Marktplatz 8**
**97941 Tauberbischofsheim**
**Tel. 0 93 41/8 03-13**
**www.tauberbischofsheim.de**

**Touristikgemeinschaft Liebliches Taubertal**
**Gartenstr. 1**
**97941 Tauberbischofsheim**
**Tel. 0 93 41/82 58 06**
**www.liebliches-taubertal.de**

## Hotel

**Hotel St. Michael**
**Stammbergweg 1**
**97941 Tauberbischofsheim**
**Te. 0 93 41/8 49 50**
**www.hotel-stmichael.com**
Im parkähnlichen Grundstück gelegenes Hotel und Tagungshaus mit modernen Komfortzimmern. Das Haus ist ein Integrationsbetrieb, in dem Menschen mit und ohne Behinderung zusammen arbeiten. Freundliche Atmosphäre. ●●

## Restaurants

**Distelhäuser Brauhaus**
**Grünsfelder Str. 3**
**97941 Tauberbischofsheim-Distelhausen**
**Tel. 0 93 41/8 05-0**
**www.distelhaeuser.de**
Brauereigaststätte mit Biergarten. Ambitionierte junge Küche mit überwiegend regionalen Produkten, eigene Metzgerei. Hier gibt's noch Uriges wie Schweinsbäckle in Biersoße, Nierle, Kutteln oder Grünkerntaschen. Mitglied der Slow-Food-Bewegung. Frisches Bier von der Quelle. Erlebnisführungen in der Brauerei und Kulturprogramm in der Alten Füllerei. ●–●●

**ZAT – Zum alten Türmle**
**Schlossplatz 3**
**97941 Tauberbischofsheim**
**Tel. 0 93 41/89 54 93**
**www.zum-alten-türmle.de**
Restaurant und Weinstube in altem Gemäuer, ruhiger Biergarten. Grünkernspezialitäten. Ab 17.30 Uhr, So auch mittags, Do geschl. ●

# Ausflug ins Bauland

Bauland, eigentlich eine Kurzform von »Bauernland«, nennt man die sanfte, von flachen Hügeln durchzogene Hochfläche zwischen dem Taubertal und dem im Westen ansteigenden Odenwald. Typisch für die tiefe Volksfrömmigkeit der Bevölkerung sind die zahlreichen Bildstöcke, Kapellen, Grotten, Kreuzwegstationen und Sühnekreuze in der Landschaft. Da auch Heilige und **Madonnen** viele der Häuser vor Unbill schützen sollen, wird das Gebiet gern als **Madonnenländchen** bezeichnet. Durch dieses alte Bauernland, die Heimat des Grünkerns (› Exkurs rechts), führt ein lohnender Halb- oder Ganztagesausflug von Tauberbischofsheim ins 23 km

Karte Seite 116

entfernte Walldürn und 11 km weiter nach Buchen.

Ein Wunder brachte dem einst armen Landstädtchen **Walldürn** **5** einen gewissen Wohlstand. Vor 550 Jahren soll ein versehentlich verschütteter Messwein den Leib Christi abgebildet haben. Nachdem der Papst dieses Blutwunder anerkannte, setzte ein überregional bedeutender Pilgerstrom ein. Für Kunstfreunde sehenswert ist vor allem die **Wallfahrtsbasilika** mit prächtigen barocken Altären, Deckengemälden und einer üppig ausgestatte Orgel. Insbesondere der Heilig-Blut-Altar aus Alabaster, ein großartiges Zeugnis der Renaissance, lohnt den Besuch. Mehr über die Geschichte der Stadt und der Wallfahrt erfährt man im **Stadt- und Wallfahrtsmuseum**, einem schönen Renaissancebau unterhalb der Basilika (www.wallduern.de).

Die mittelalterliche Stadt **Buchen** **6** bildet den Übergang vom Bauland zum Odenwald. Großzügige Fußgängerzonen sorgen in der historischen Altstadt für die sympathische Atmosphäre einer gemütlichen, aber durchaus lebendigen Kleinstadt.

Bildstock im Bauland

Am malerischen **Stadtturm** – hier beginnt die Hauptstraße mit zahlreichen Geschäften und Stra-

## Grünkern – vom Armeleuteschmaus zur Spezialität

Schon im 19. Jh. gab es kühle, verregnete Sommer. So konnte im ohnehin armen Bauland das Getreide, überwiegend Dinkel, auf den Feldern einfach nicht ausreifen. Damit die Menschen nicht hungern mussten, wurde der Dinkel grün geerntet und über Buchenholzfeuern gedörrt, um ihn genießbar zu machen. Zum Brotbacken war das Mehl aus Grünkern nicht geeignet. Aber Not macht erfinderisch – so konnte man sich an Grünkernsuppe und Grünkernküchle doch wenigstens satt essen. Lange war das Dörrgetreide fast in Vergessenheit versunken, doch seit etlichen Jahren erobert sich der schmackhafte Grünkern wieder einen festen Platz in der regionalen Gastronomie. Und ein leckeres Grünkernrisotto sollte man sich zum Beispiel nicht entgehen lassen.

Die »Hochzeitstorte«, eine der beeindruckendsten Formationen in der Eberstadter Tropfsteinhöhle

ßenlokalen – schaut am Torbogen der »Blecker« auf die Passanten. Dieser steinerne Kerl mit nacktem Hinterteil sollte einst vor Unheil schützen, heute dient er den Buchenern als Fastnachtssymbol. Der **Narrenbrunnen** am Oberen Marktplatz zwischen Kirche und Altem Rathaus zeigt Figuren der berühmten historischen Buchener Fastnacht, wie Huddelbätz oder Erbsenstrohbär. Auf dem Stadtmauerrundweg kann man die historische Altstadt entlang der ehemaligen Befestigungen umrunden (www.buchen.de).

Beim Buchener Stadtteil Eberstadt ist die **Eberstadter Tropfsteinhöhle** mit 600 m begehbarer Länge eine der größten in Deutschland (März, April, Sept., Okt. tgl. außer Mo 10–16 Uhr, Mai–Aug. tgl. 10–16 Uhr (www.eberstadter-tropfsteinhöhle.de).

## Königheim 7

Schon von weitem fällt die imposante Silhouette der Pfarrkirche St. Martin in Königheim (3200 Einwohner) auf, die als Kleinod des fränkischen Barock gilt. Das monumentale zentrale Deckengemälde ist Tiepolos »Anbetung der Könige« nachempfunden. In einer Nische im doppelläufigen Treppenaufgang zur Kirche stellt der spätgotische Ölberg den betenden Heiland, die schlafenden Jünger und im Hintergrund die Häscher dar. Er wird der Werkstatt Tilman Riemenschneiders, zum Teil auch ihm selbst zugeschrieben. In Königheim und seinen Teilorten zeugen weitere Kapellen sowie eine Kreuzwegstation von der Frömmigkeit der Menschen dieser Landschaft.

**Info**

**Bürgermeisteramt Königheim**
**Kirchplatz 2 ][ 97953 Königheim**
**Tel. 0 93 41/92 09-0**
**www.koenigheim.de**

## Külsheim 8

Ein gutes Dutzend Quellen sprudeln in der Brunnenstadt Külsheim (5500 Einwohner), in der 18 teils historische Brunnen zu einem »feuchten« Rundgang locken. Zwar holt die Ammfrau die kleinen Kinder heute nicht mehr aus den Brunnen, und auch Fabelwesen hausen längst nicht mehr in Grüßgraben-, Boxhagel- oder Löchleinsbrunnen, doch der dreischalige Kapellenbrunnen ziert noch immer das Stadtwappen. Mitten im Ort steht ein außergewöhnlich schöner Bildstock, der »Träubelesstock« – eine rebumrankte Mariensäule in prächtigem Barock.

Sehenswert sind auch die gotische Katharinenkapelle, das fachwerkgeschmückte Alte Rathaus von 1522 sowie das ehemalige Schloss in der Oberstadt, in dem heute die Stadtverwaltung residiert.

ht gut!

**Fußabdrücke von Chirotherium-Sauriern** findet man auf einer Buntsandsteinplatte auf dem 5,5 km langen Saurierwanderweg, einem geologisch-naturkundlicher Lehrpfad von Külsheim in Richtung Bronnbach (www.saurierwanderweg.de).

**Info**

**Stadt Külsheim**
**Kirchbergweg 7 ][ 97900 Külsheim**
**Tel. 0 93 45/6 73-0**
**www.kuelsheim.de**

**Hotel/Restaurant**

**Zum Brunnenputzer**
**Hauptstr. 57 ][ 97900 Külsheim**
**Tel. 0 93 45/92 83 66**
Kleines Gasthaus (4 Zimmer) mit gemütlichem Restaurant, landestypische und italienische Spezialitäten. ●

## Burg Gamburg 9

Bei Werbach beginnt der engste, bewaldete Teil des Taubertals. Hoch über dem Ortsteil Gamburg erhebt sich auf einem Bergsporn die im 12. Jh. erbaute Burg Gamburg, mit mächtigem Bergfried und Palas äußerlich weitgehend original erhalten. Im Inneren wurden bei Renovierungsarbeiten die wohl ältesten weltlichen Wandmalereien Mitteleuropas

Hoch über der Tauber thront Burg Gamburg

entdeckt, außerdem einstmals zugemauerte romanische Bögen in den Wänden und so manche andere Überraschung, über die der Burgherr Baron von Mallinckrodt bei Themenführungen spannend zu berichten weiß. Der teilweise überwucherte Burggarten mit außergewöhnlicher Vegetation wird auch als stilvolle Kulisse für Gespenstergeschichten genutzt (Führungen: 20. März–1. Nov. Sa, So, Fei 14, 15.30, 17 Uhr oder auf Anfrage).

**Info**

**Burg Gamburg**
**97965 Gamburg ][ Tel. 0 93 48/6 05**
**www.burg-gamburg.de**

Kloster Bronnbach: der prächtig ausgemalte barocke Josephsaal

## 10 **Kloster Bronnbach 10

Der Kirchenlehrer Bernhard von Clairvaux soll es bei einem Besuch in Wertheim vorausgesagt haben: Im damals schwer zugänglichen Taubertal wird eines Tages ein Kloster gegründet. Und als fränkische Adlige einen geeigneten Standort suchten, stiegen der Sage nach plötzlich drei weiße Lerchen singend aus dem Wald empor – das musste ein göttlicher Fingerzeig sein. So wurde dort 1151 mit dem Bau des Zisterzienserklosters begonnen, eine der bedeutendsten Anlagen ihrer Art in Süddeutschland. Die Mönche förderten u.a. den Weinbau im Taubertal. Das Kloster bestand bis zur Säkularisation von 1803.

Die behäbig wirkenden, teilweise aus dem Mittelalter stammenden Gebäude gruppieren sich um den spätromanischen **Kreuzgang**. Die dreischiffige **Säulenbasilika** erhielt im 17. und 18. Jh. eine prunkvolle Barockausstattung, bei der vor allem der Hochaltar, mehrere Nebenaltäre, ein schmiedeeisernes Chorgitter und das holzgeschnitzte Chorgestühl hervorstechen.

Der barocke **Josephsaal**, in dem die Äbte wichtige Gäste empfingen, ist mit opulenten Malereien ausgeschmückt. Nach mehrjähriger gründlicher Renovierung können die Klosterkirche und die wichtigsten Räume im Rahmen von einstündigen Führungen besichtigt werden (1. April–31. Okt.

Der romanische Kreuzgang im Kloster Bronnbach

tgl. 10–17 Uhr, letzte Führung 16 Uhr). Für Gruppen und zu speziellen Terminen werden auch Kinder- und Gartenführungen angeboten. Der 1670–1688 angelegte **Abtsgarten** vor dem Kloster entzückt durch **zahlreiche originelle Skulpturen und einen Schalenbrunnen.**

Links von der Klosterkirche befindet sich in einem nicht zugänglichen Garten die einstige Orangerie, deren farbenfrohe allegorischen Fresken auch von außen gut zu sehen sind.

Im Rahmen der »Bronnbacher Kultouren« finden ganzjährig Konzerte, Lesungen, Kunstausstellungen, Theater und Kreativ-Workshops statt.

In einem kleinen Biergarten rechts hinter den Klostergebäuden werden tagsüber Getränke und kleine Speisen angeboten.

### Info

**Kloster Bronnbach**
**Verwaltung**
**97877 Wertheim-Bronnbach**
**Tel. 0 93 42/9 35-20 21**
**www.kloster-bronnbach.de**

### Restaurant

**Gasthaus Klosterhof**
**Bronnbach Nr. 1**
**97877 Wertheim-Bronnbach**
**Tel. 0 93 42/73 16**
**www.gasthaus-klosterhof.de**
Kleines Gasthaus und Hotel in historischem Gebäude direkt beim Kloster, großer Biergarten. Preiswerte fränkische Hausmannskost wie Grünkernküchle oder Rouladen. ●

## **Wertheim 11

Im spitzen Dreieck zwischen der Taubermündung und dem Main zwängt sich die Altstadt von

Eine mächtige Burgruine überragt die Altstadt von Wertheim

Wertheim (23 300 Einwohner) unter die noch immer mächtig wirkende Ruine der **Burg**. Sie wurde ab dem 12. Jh. von den Grafen von Wertheim erbaut. Ihre zahlreichen Wohngebäude waren durch einen tiefen Schluchtgraben und umfangreiche Wehranlagen und Bollwerke gesichert. Vom wuchtigen, 25 m hohen Bergfried hat man einen herrlichen Rundblick über das Maintal.

Auf der anderen Stadtseite zur Taubermündung hin bildet der um 1200 als Wachturm erbaute, 36 m hohe **Spitze Turm** den Eckpunkt der teilweise noch erhaltenen Stadtbefestigung mit ihren einstmals 18 Türmen und Toren. Als Belohnung für den Aufstieg lockt auch hier ein eindrucksvoller Blick auf die Altstadt.

Vom mittelalterlichen Maintor führt der Weg in ein Gewirr enger Gassen mit vielen malerischen Winkeln. Die zentrale Maingasse erweitert sich in der Mitte zum langgestreckten **Marktplatz** mit gut erhaltenen Fachwerkhäusern, darunter **das wohl schmalste Haus Frankens.** Unten kaum 3 m breit, erweitert es sich nach oben und leistet sich sogar noch einen Erker. Am **Engelsbrunnen** von 1574 tragen zwei Himmelsboten das Wappen der Grafschaft, au-

Echt gut

ßerdem schmücken die weltlichen Gestalten von Schultheiß, Ratsherr, Stadtbaumeister und Künstler den Ziehbrunnen.

Die **Stiftskirche** wurde 1383 als gotische, dreischiffige Pfeilerbasilika auf romanischen Fundamenten errichtet. Gegenüber liegt die ebenfalls gotische **Kilianskapelle**. Neben der Kapelle beginnt der Treppenaufgang zur Burg.

Im Alten Rathaus aus dem 16. Jh. mit maßwerkgeschmückter Freitreppe, dem heutigen **Grafschaftsmuseum**, befinden sich volkskundliche Abteilungen und die größte Sammlung von Bildern des Landschaftsmalers Otto Modersohn und seiner Freunde außerhalb von Worpswede (Di–Fr 10–12, 14.30 bis 16.30 Uhr, Sa 14.30–16.30 Uhr, So 14–17 Uhr). Das gegenüberliegende, zum Museum gehörende **Haus der Vier Gekrönten** wurde im 16. Jh. als Renaissance-Zierfachwerkhaus erbaut. Es hat seinen Namen von den Kragsteinen am Obergeschoss. Sie zeigen vier gekrönte Männer mit Schrifttafeln – eine nördlich der Alpen seltene Darstellung der vier mittelalterlichen Schutzheiligen der Steinmetze.

Zum bedeutendsten Wirtschaftszweig von Wertheim hat sich die Glasindustrie entwickelt. Die Produktpalette reicht von Glasfaser über Messgeräte bis hin zu High-Tech-Laborgeräten für Wissenschaft und Technik. Davon berichtet das **Glasmuseum**, das Exponate vom Luxusglas der Antike bis zu Christbaumschmuck und Industrieglas zeigt. Es bietet mit vielerlei Themenausstellungen, dem Glasperlenkabinett sowie Glaskursen in der Museumswerkstatt lebendige Einblicke in diese zerbrechliche Kunst (Mühlenstr. 24, Tel. 0 93 42/68 66, www.glasmuseum-wertheim.de, Mo 15–17, Di–Do 10–17 Uhr, Fr, Sa 11–18, So 13–18 Uhr, tgl. Glasbläservorführungen).

Echt gut!

**Eine gemütliche Mainfahrt mit dem Ausflugsschiff von Wertheim nach Miltenberg** (› S. 133) kann man von Mai bis Ende September donnerstags unternehmen. Dort hat man dann zweieinhalb Stunden freie Zeit bis

Das schmalste Haus Frankens am Marktplatz von Wertheim

zur Rückfahrt (www.reederei-henneberger.com).

## Info

**Tourist-Information**
**Am Spitzen Turm**
**97877 Wertheim**
**Tel. 0 93 42/9 35 09-0**
**www.tourist-wertheim.de**
Stadtführungen ab Tourist-Info Mo–Sa um 17 Uhr, So, Fei 10.30 Uhr (April–Okt.)

## Hotels

■ **Hotel Schwan**
**Mainplatz 8 ][ 97877 Wertheim**
**Tel. 0 93 42/9 23 30**
**www.hotel-schwan-wertheim.de**
Auf der ehemaligen Stadtmauer direkt an der Mainpromenade; komfortable Zimmer und exklusive Junior-Suiten. Restaurant (●–●●) mit großer Terrasse an der Promenade. ●●

■ **Hotel am Malerwinkel**
**Maingasse 1–5 ][ 97877 Wertheim**
**Tel. 0 93 42/9 06-0**
**www.hotelammalerwinkel.de**
Mitten in der Altstadt und doch ruhig gelegen. Moderne, zweckmäßig eingerichtete Komfortzimmer. ●●

## Restaurants

■ **Burg Wertheim**
**Schlossgasse 11 ][ 97877 Wertheim**
**Tel. 0 93 42/91 32 38**
**www.burg-wertheim.de**
Im historischen Ambiente der Burgruine mit einmaligem Blick auf Altstadt und Main. Internationale und regionale Küche in Schlossschänke, Turmstübchen und auf der Terrasse. ●–●●

■ **Goldener Adler**
**Mühlenstr. 8 ][ 97877 Wertheim**
**Tel. 0 93 42/13 37**
**www.goldener-adler-wertheim**
Im ältesten Gasthaus der Stadt kommen fränkische Spezialitäten aus regionalen Produkten und selbstgemachte Wurst auf den Tisch. Großer schattiger Biergarten. Mo Ruhetag. ●●

■ **Bach'sche Brauerei**
**Marktplatz 11 ][ 97877 Wertheim**
**Tel. 0 93 42/91 31 38**
**www.bachsche-brauerei.de**
Gemütliches Lokal und Weinkeller sowie Biergarten auf dem Marktplatz. Vesper und deftige Schweinebraten, Lamm und Wild. ●–●●

## Shopping

■ **Tauberfränkischer Bocksbeutelkeller**
**St. Georg-Str. 1–3**
**79877 Wertheim-Reicholzheim**

Karte
Seite 116

**Tel. 0 93 42/2 90 00**
**www.tauberfraenkischer-bocksbeutelkeller.de**
Ein paar Bocksbeutel von der Vereinigung Tauberfränkischer Winzer geben ein süffiges Souvenir ab. Verkauf, Weinproben, Veranstaltungen.

■ **Wertheim Village**
**Almosenberg ][ 97877 Wertheim**
**Tel. 0 93 42/9 19 91 00**
**www.wertheimvillage.com**
Vor den Toren Wertheims bietet das große Outletcenter für Schnäppchenjäger Edles und Angesagtes – von Airfield über Daniel Hechter und Escada bis Lacoste und Tommy Hilfiger.

## Ausflug nach Miltenberg 12

Eine lohnender Ausflug führt von Wertheim den Main entlang über Freudenberg in das 25 km entfernte Miltenberg. Rechts und links des Flusses, der hier die Grenze zwischen Odenwald und Spessart bildet, buhlen gleich drei Ferienstraßen um Aufmerksamkeit: Am Nordufer die Straße der Kaiser und Könige sowie die Bocksbeutelstraße, südlich die Nibelungenstraße. So kann man die Hin- und Rückfahrt aus zwei Perspektiven erleben.

Den schmückenden Beinamen »Perle am Main« hat sich Miltenberg mit seinem besonders romantischen Stadtbild sicher verdient. Die sich über 1 km am Main entlang ziehende Altstadt besteht praktisch nur aus wenigen Gassen und der Hauptstraße. Hier aber reihen sich prächtige Fachwerkhäuser mit fein gegliederten Schmuckfassaden, Erkern und hohen Giebeln aneinander, am prunkvollsten das **Alte Rathaus** und das **Gasthaus Zum Riesen**, seit dem 12. Jh. Fürstenherberge.

Über dem Marktplatz erhebt sich die **Mildenburg**, die von der Burgterrasse und vom 27 m hohen Bergfried eine außerordent-

Das historische Gasthaus Zum Riesen in Miltenberg

lich schöne Aussicht auf die Stadt und ins Maintal bietet (www.miltenberg.info).

## 11 **Weikersheim 13

Die ab dem 12. Jh. entstandene Burg und Stadt Weikersheim (7500 Einwohner) war einer der Stammsitze des Hauses Hohenlohe und fiel durch Erbteilung 1585 an Graf Wolfgang II., der die mittelalterliche Wasserburg zum repräsentativen Residenzschloss ausbauen ließ. Der Marktplatz des Ortes wurde ab 1710 so aufs Schloss ausgerichtet, dass Stadt und Schloss heute fast wie eine Einheit wirken. Nach dem Tod des letzten Weikersheimer Grafen von Hohenlohe 1756 wurde die Anlage nicht mehr verändert; 1806 fiel sie an Württemberg. So konnte sich ****Schloss Weikersheim** bis heute als ungewöhnlich stilrein erhaltene Schloss- und Gartenanlage aus dem 16./17. Jh. erhalten. Bei den Schlossführungen erfahren die Besucher viel über Wohn- und Esskultur der adeligen Herrschaften – und so manche Bettgeschichte. Absolutes Prunkstück ist der ***Rittersaal** von 1600–1605, dessen Kassettendecke mit Jagdgemälden als eine der schönsten Raumschöpfungen der Renaissance in Deutschland gilt. Eher zum Schmunzeln verleiten die als Halbreliefs an den Wänden gestalten Tierdarstellungen von Elefant, Löwe oder Bär, die auf die staunenden Besucher herabblicken. Der auch ohne Führung zugängliche Schlosspark nach dem Vorbild von Versailles mit Brunnen und Fontänen zählt zu den frühesten Barockgärten in Franken. Er wird zur Tauber hin von einer Orangerie, an der Balustrade zum Schloss von der berühmten ***Zwergengalerie** begrenzt. Solch groteske Fantasiefiguren waren um 1700 sehr beliebt. In Weikersheim posieren sie jedoch nicht wie anderswo als lächerliche Gnome, vielmehr ließ Graf Carl Ludwig (1674–1756) hier seine Bediensteten wie Hofrat, Kellermeister, Köchin oder Kammerzofe darstellen. Im Rahmen des Hohenloher Musiksommers (Anfang Juli) wird in Schloss

Kassettendecke im Rittersaal von Schloss Weikersheim

Karte Seite 116

Schloss Weikersheim, vom Park aus gesehen

und Park ein großes Musikfest mit Feuerwerk veranstaltet.

Außer normalen Schlossführungen werden auch **Dutzende Themenführungen, Workshops sowie zahlreiche Kinderaktionen** angeboten (Marktplatz 11, 97990 Weikersheim, Tel. 0 79 34/ 9 92 95-0, www.schloss-weikersheim.de; April–Okt. tgl. 9–18 Uhr, Nov.–März tgl. 10–12 und 13 bis 17 Uhr).

Am **Marktplatz** mit wappen- und engelsgeschmücktem Rokokobrunnen birgt im ehemaligen Kornbau das **Tauberländer Dorfmuseum** die größte Sammlung ländlichen Kulturgutes in Tauberfranken. Im Kontrast zur Darstellung höfischen Lebens im Schloss steht hier die Alltagswelt der Bevölkerung im Mittelpunkt. Auf drei Stockwerken finden sich Möbel, Trachten und Arbeitsgeräte vor allem aus dem 18. und 19. Jh. (1. April–31. Okt. Fr, Sa, So, Fei 13.30–17 Uhr, www.tauberlaender-dorfmuseum.de).

## Info

**Verkehrsamt Weikersheim**
**Marktplatz 7 ][ 97990 Weikersheim**
**Tel. 0 79 34/1 02-55**
**www.weikersheim.de**

## Hotel/Restaurants

**Laurentius**
**Marktplatz 5**
**97990 Weikersheim**
**Tel. 0 79 34/9 10 80**
**www.hotel-laurentius.de**
Von Gourmetführern empfohlenes Haus direkt am Marktplatz. Küchenmeister Jürgen Koch zählt zu Deutschlands jungen Spitzenköchen. Im Bistro kommt leichte Tagesküche auf den Tisch – Gourmetmenüs im Gewölbekeller. Kleines Hotel mit **14 modernen**

Echt gut!

Echt gut! **(Wein-)Themen-Zimmern.** Reservierung empfohlen. Mo Ruhetag. ●●●

■ **Deutschherren-Stuben**
**Marktplatz 9**
**97990 Weikersheim**
**Tel. 0 79 34/83 76**
**www.deutschherren-stuben.de**
Gepflegtes Haus neben dem Eingang zum Schloss. Das familiengeführte Restaurant-Café bietet gute regional und saisonal inspirierte Küche. Die schöne Marktplatz-Terrasse lockt zu Kaffee oder Eis. Mit Liebe zum Detail eingerichtete Hotelzimmer. ●●

## 12 Creglingen 14

Aus aller Welt kommen Besucher nach Creglingen (4900 Einwohner), um in der Herrgottskirche etwas außerhalb des Ortes den ***Marienaltar** von Tilman Riemenschneider zu bewundern. Der 9,20 m hohe Altar entstand zwischen 1505 und 1520 in der äußeren Form einer gotischen Monstranz und stellt die Himmelfahrt Mariens dar, die in Gegenwart der Apostel von Engeln in den Himmel getragen wird. In der Spitze des Altars ist die Krönung der Gottesmutter zu sehen, die zwischen Gottvater und Sohn sitzt.

Die aus Lindenholz geschnitzten Figuren bestechen durch ganz ungewöhnlich fein ausgearbeitete Gesichtzüge und den perfekt ausgeführten Faltenwurf. In der Predella (Altarsockel) hat sich der Künstler selbst dargestellt.

Auch der Hochaltar und die beiden Seitenaltäre (alle aus dem 15. Jh.) beeindrucken durch großartige Schnitzarbeiten und Malereien, die eine längere Betrachtung lohnen (1. April–31. Okt. tgl. 9.15–18 Uhr, Febr., März, Dez tgl. außer Mo 13–16 Uhr, Jan. geschlossen).

!! Wenn Sie den Riemenschneideraltar mit einem Fernglas betrachten, sind die Details in ihrem ganzen Formenreichtum besonders schön zu erkennen.

Etwas unterhalb der Herrgottskirche zeigt ein originelles **Fingerhutmuseum** viele tausend »Nadelstichverhüter« und Nähutensilien vom Altertum bis zur Gegenwart aus allen Erdteilen, darunter auch witzige Miniaturen und wertvolle historische Reiseetuis (Tel. 0 79 33/3 70, www.fingerhutmuseum.de, 1. April bis 31.Okt. Di–So 10–12.30, 14 bis 17 Uhr, Nov.–März 13–16 Uhr).

**Info**

**Touristinformation**
**97993 Creglingen**
**Tel. 0 79 33/6 31**
**www.creglingen.de**

### Die Münsterseen

Wenige Kilometer oberhalb der Herrgottskirche Creglingen lockt das Freizeit- und Erholungsgebiet Münsterseen im Herrgottstal zu einer erfrischenden Rast. Einer der beiden Stauseen ist als Badesee mit kleinem Kiesstrand hergerichtet. Kinder können im großen Wasserspielplatz plantschen. Auf Waldwegen, Barfußpfad und im Kneipp-Becken kommt der Kreislauf in Schwung. www.muensterseen.de

Karte Seite 116

Mittelteil des Riemenschneider-Marienaltars in der Herrgottskirche Creglingen

**Hotel**

**Ferienhaus Pfeiferhans**
**Craintal 7**
**97993 Creglingen**
**Tel. 0 79 33/9 10 10**
**www.pfeiferhans.de**
Direkt an der Tauber und am Radweg gelegene Anlage. Modernes, architektonisch ansprechendes Haus mit barrierefrei gestalteten Zimmern und Ferienwohnungen. ●

## **Rothenburg ob der Tauber 15

Auf einer Hochfläche erhebt sich steil über der Tauber die türmereiche Silhouette von Rothenburg (11 000 Einwohner). Wo im 11. Jh. eine erste Burg erbaut worden war, entstand im 12. Jh. die Stauferstadt, die bis 1802 Freie Reichsstadt war und am Schnittpunkt von Handelswegen zu beachtlichem Wohlstand kam.

Von einstiger Wirtschaftsmacht und Bürgerstolz zeugen bis heute die prachtvollen, im Verhältnis zur Einwohnerzahl weit überdimensionierten Bauwerke, allen voran das ***Rathaus**. Es besteht aus zwei Teilen, dem gotischen aus dem 13. Jh. mit besteigbarem Turm und dem Renaissancebau von 1572. Im 17. Jh. wurden zum Marktplatz hin zusätzlich Arkaden angefügt.

**Die berühmte Kunstuhr an der Fassade der Ratstrinkstube** Echt gut! zeigt täglich zu jeder vollen Stunde von 11–15 und 20–22 Uhr die legendäre Meistertrunk-Szene aus dem Dreißigjährigen Krieg, in der

Altbürgermeister Nusch auf Befehl von General Tilly 3 ¼ Liter Wein auf einen Zug trank und damit die Stadt vor der Zerstörung bewahrte.

Unter den Kirchen ist die 1311–1485 erbaute **St.-Jakobs-Kirche** wegen ihrer Altäre besonders bedeutend, darunter der ****Heilig-Blut-Altar** von Tilman Riemenschneider (um 1500). Bei Vormittagssonne bieten die 600 Jahre alten **Glasfenster im Ostchor ein eindrucksvolles Farbenerlebnis!**

Echt gut!

In der ganzen Stadt reihen sich Fachwerk- und Steinhäuser aus mehreren Jahrhunderten dicht aneinander. In einigen der historischen Bauten haben interessante Museen ihr Domizil, darunter das viel besuchte **Kriminalmuseum** mit schaurigen mittelalterlichen Folterwerkzeugen. Für sensible Gemüter empfehlen sich eher das **Deutsche Weihnachtsmuseum** (tgl. 11–16 Uhr) und das reizende **Puppen- und Spielzeugmuseum** (tgl. 9.30–18 Uhr).

Rothenburg zieht sich über mehrere Bergnasen und ist von einer vollkommen erhaltenen Stadtmauer mit vielen Toren und Wehrtürmen umgeben. Auf dieser Mauer und den Wehrgängen kann die Stadt fast völlig umrundet werden. Dabei bieten sich reizvolle Ausblicke über die verschachtelte Dachlandschaft und Einblicke in blumenumrankte Hinterhöfe und malerische Winkel. So viel Romantik zieht geradezu magisch Reisegruppen aus Japan und den USA in die alten Stadtmauern, gehört Rothenburg dort doch zu einem der Top-Ziele in Old Germany. Für Stadtrundgänge auf eigene Faust gibt es Audioguide und Stadtplan beim Tourismus Service, doch kann man sich auch einer öffentlichen Führung (tgl. 11 Uhr, April bis Okt. auch 14 Uhr) anschließen.

## Info

**Rothenburg Tourismus Service**
**Marktplatz 2**
**91541 Rothenburg ob der Tauber**
**Tel. 0 98 61/4 04-8 00**
**www.rothenburg.de**

## Hotels

■ **Burghotel**
**Klostergasse 1–3**
**91541 Rothenburg ob der Tauber**
**Tel. 0 98 61/9 48 90**
**www.burghotel.eu**
Kleines Hotel im ruhigen Klosterviertel. Elegant-romantische Zimmer mit tollem Blick ins Taubertal oder in den Klostergarten. Terrasse auf der Stadtmauer. ●●●

■ **Flair-Hotel Reichsküchenmeister**
**Kirchplatz 8**
**91541 Rothenburg ob der Tauber**
**Tel. 0 98 61/98 00**
**www.reichskuechenmeister.com**
Hotel in einem alten Patrizierhaus im Herzen der Altstadt neben der St.-Jakobs-Kirche. Ein moderneres Gästehaus liegt gegenüber. Stimmungsvoller Biergarten sowie Restaurant und Weinstube. ●●

■ **Hotel garni Hornburg**
**Hornburgweg 28**
**91541 Rothenburg ob der Tauber**
**Tel. 0 98 61/84 80**
**www.hotel-hornburg.de**

Karte Seite 116

In der Rothenburger Altstadt: Siebersturm und Kobolzeller Tor

Das kleine Privathotel in einer schönen Jugendstilvilla (10 Gästezimmer) liegt direkt vor den Toren der Stadt, mit Blick auf die historische Stadtmauer. Schöner großer Garten mit Liegestühlen. ●●

## Restaurants

### ■ Villa Mittermeier

**Vorm Würzburger Tor 9**
**91541 Rothenburg ob der Tauber**
**Tel. 0 98 61/9 45 40**
**www.villamittermeier.de**

Restaurant der Spitzenklasse vor der Stadtmauer. Küchenchef Christian Mittermeier konfrontiert nach eigener Aussage »weltmännische Aromen mit fränkisch-hohenlohischen Wurzeln«. Mitglied der Vereinigung Jeunes Restaurateurs. Reservierung empfohlen! ●●●

### ■ Klosterstüble

**Heringsbronnengasse 5**
**91541 Rothenburg ob der Tauber**
**Tel. 0 98 61/93 88 90**
**www.klosterstueble.de**

Urgemütliches historisches Haus direkt am Burggarten. Bodenständige fränkisch-bayrische Küche mit frischen regionalen und saisonalen Zutaten. Der Familienbetrieb wird bereits in der dritten Generation geführt. ●●

## Shopping

### Konditorei-Bäckerei Walter Friedel

**Markt 8**
**91541 Rothenburg ob der Tauber**
**Tel. 0 98 61/78 18**
**www.original-rothenburger-tauberkugeln.de**

Als gar nicht so süßes Souvenir empfehlen sich die Rothenburger Schneeballen aus mürbem Eierteig, der mithilfe einer Kugelzange in Schmalz ausgebacken und mit Puderzucker bestäubt wird. Mit verschiedenen Glasuren und Nüssen veredelt, kommen sie als sogenannte Tauberkugeln daher.

# Infos von A–Z

## Ausflugsziele (überregional)

Außer den Ausflugszielen in der hier beschriebenen Region und in unmittelbarer Nachbarschaft, die wir bei den jeweiligen Orten vorstellen, bieten sich auch Abstecher zu einigen überregionalen Städten an:

- **Stuttgart.** Die 50 km von Heilbronn entfernte Landeshauptstadt Baden-Württembergs ist mit dem Regionalexpress der Deutschen Bahn in knapp 45, mit der Regionalbahn in knapp 60 Minuten erreichbar. Shopping in der Einkaufsmeile Königstraße, Flanieren über den südländisch anmutenden Schlossplatz, Auffahrt zum Fernsehturm mit Fernblicken oder Besuche im Kunstmuseum und in der Staatsgalerie sind einige Vorschläge für erlebnisreiche Stunden.
- **Ludwigsburg.** 10 km nördlich von Stuttgart und 40 km von Heilbronn entfernt, ist Ludwigsburg mit seinem großartigen Barockschloss und der Gartenschau »Blühendes Barock« alljährlich Ziel Hunderttausender Besucher. Die von Heilbronn nach Stuttgart verkehrenden Regionalzüge halten auch in Ludwigsburg.
- **Karlsruhe.** Von Heilbronn aus liegt Karlsruhe 65 km entfernt. Eilzüge brauchen 85 Minuten – die S-Bahn, die in Heilbronn auch durch die Innenstadt fährt, 105 Minuten. In der City von Karlsruhe laufen alle Straßen fächerförmig auf das Schloss zu, in dem das Badische Landesmuseum beheimatet ist. Sehenswert sind auch der Schlosspark, das Rathaus und die Stadtkirche.
- **Heidelberg.** Mit dem Regionalexpress in gut einer Stunde, mit der S-Bahn in knapp eineinhalb Stunden erreichbar, bietet sich auch Heidelberg für einen Tagesausflug von Heilbronn an. Besonders schön aber ist die 75 km lange Autofahrt am Neckar entlang durch das landschaftlich höchst eindrucksvolle Durchbruchstal durch den Odenwald. Mit dem berühmten Schloss, der von Lokalen und Geschäften gesäumten Fußgängerzone, der alten Neckarbrücke und vielen stimmungsvollen Winkeln gilt Heidelberg als Inbegriff der Romantik.

## Baden-Württemberg-Ticket

Wenn bis zu fünf Personen einen Tagesausflug planen, können sie das günstige Baden-Württemberg-Ticket kaufen. Für insgesamt 29 Euro dürfen damit alle Bahnen (außer IC und ICE) und Busse genutzt werden. Ein Single-Ticket kostet 21 Euro.
Infos unter: **www.bahn.de/ baden-wuerttemberg-ticket**

## Bahnreisen

Mit dem Zug kann die Region nur teilweise bereist werden, und zwar auf den Strecken Stuttgart – Heilbronn – Lauda-Königshofen – Würzburg (Frankenbahn), Heilbronn – Schwäbisch Hall – Crailsheim (Hohenlohebahn), Craislheim – Bad Mergentheim – Wertheim (Taubertalbahn) und Heilbronn – Heidelberg. S-Bahnen verkehren zwischen Heilbronn und Karlsruhe sowie zwischen Heilbronn und Heidelberg.

## Barrierefrei

Die Broschüre **Baden-Württemberg barrierefrei erleben** enthält auch für die Region Heilbronn-Franken zahlreiche Unterkünfte, Sehenswürdigkeiten, Ausflugsziele und Transportmittel für Menschen mit eingeschränkter Mobilität. Sie wurde mit dem Hotel- und Gaststättenverband und mit reiseerfahrenen Rollstuhlfahrern entwickelt und ist im Internetportal www.tourismus-be.de unter Reisethemen auch zum Download verfügbar.

- **Tourismus-Marketing GmbH Baden-Württemberg**
Prospektservice
Tel. 0 18 05/55 66 90*
Fax 0 18 05/55 66 91*
*14 Cent/Min. aus dem dt. Festnetz, Mobilfunkpreise maximal 42 Cent/Min.
E-Mail: prospektservice@tourismus-bw.de

## Informationen

Die Adressen der lokalen Tourist-Infos finden Sie bei den jeweiligen Orten. Überregionale Informationen bieten die Touristikstellen der jeweiligen Landkreise und Regionalorganisationen:

- **Touristikgemeinschaft Heilbronner Land e.V.**
Lerchenstr. 40
74072 Heilbronn
Tel. 0 71 31/9 94-13 90
www.heilbronnerland.de
Service@HeilbronnerLand.de
- **Hohenlohe + Schwäbisch Hall Tourismus e.V.**
Münzstr. 1
74523 Schwäbisch Hall
Tel. 07 91/7 55-74 44
www.hs-tourismus.de
info@hs-tourismus.de
- **Touristikgemeinschaft Hohenlohe e.V.**
Allee 17
74653 Künzelsau
Tel. 0 79 40/18-2 06
www.hohenlohe.de
info@hohenlohe.de
- **Touristikgemeinschaft Liebliches Taubertal**
Gartenstr. 1
97941 Tauberbischofsheim
Tel. 0 93 41/82-58 06
www.liebliches-taubertal.de
touristik@liebliches-taubertal.de

## Karten

Die oben genannten Touristik-Informationsstellen verfügen über gutes Kartenmaterial des jeweiligen Gebiets. Wanderkarten des Landesvermessungsamts im Maßstab 1:50 000 sind im Buchhandel erhältlich.

## Notruf

- **Polizei:** 110
- **Feuerwehr** und **Rettungsdienste:** 112

## Pannenhilfe

Bei Autopannen helfen die Gelben Engel des ADAC, die auch Nichtmitglieder in Anspruch nehmen können. Über das Handy sind sie ohne Vorwahl unter der Nummer 22 22 22 zu erreichen, die in den meisten Handys schon eingespeichert ist. Die Festnetznummer ist 01 80/2 22 22 22 ( 6 Cent je Anruf).

## Souvenirs

In den Weinanbaugebieten am Neckar, in Hohenlohe und an der Tauber sind lokale Weine hervorragend als Mitbringsel geeignet. Außer im Einzelhandel kann man sie auch bei vielen Winzern direkt ab Weingut erwerben.
In Wertheim mit seiner Glasindustrie werden Dekorationsobjekte und Schmuck aus vielfarbigem Glas angeboten. In touristischen Zentren gibt es darüber hinaus natürlich die üblichen, mehr oder weniger geschmackvollen Souvenirs.

| Urlaubskasse | |
|---|---|
| Tasse Kaffee | 1,90 bis 2,80 € |
| Softdrink (0,2 l) | 1,30 bis 2,20 € |
| Viertel Wein | 3–4 € |
| Kugel Eis | 0,80 bis 1 € |

# Register